笠間ライブラリー
梅光学院大学公開講座論集

65

佐藤泰正先生追悼論集

語り紡ぐべきもの

〈文学の力〉とは何か

中野新治【編】

笠間書院

佐藤泰正先生

語り紡ぐべきもの――〈文学の力〉とは何か

目次

語り紡ぐべきもの――〈文学の力〉とは何か

詩とその詩を切断する詩と

――佐藤泰正氏との対話をめぐる回想的断片

山城むつみ

ただ一箇所ここは違うのではないか。あなたはこう書いている。「ロゴージンの殺人を天から見下ろす神がいたとすれば、きっとその刹那の彼の祈りを、初めて赤ん坊の笑顔を見た母親のように喜んで聴き取るだろう。どんなに奇妙なことであれ、彼ら（ムイシュキン、ロゴージン、ナスターシャのこと――山城）にとって神とはそのような《眼》であり《耳》であるのだ」。しかし、神は、母親が赤ん坊の最初の笑顔を見るように天から我々を見ているというムイシュキンの言葉を、「ロゴージンの殺人」に当てはめるのは違うのではないか。ムイシュキンが述べた「宗教的感情」はあなたの文脈で言われているようなものではないと思う。

平成二〇年（二〇〇八）八月号の「群像」に拙稿「ドストエフスキー『白痴』について」がようやく載っ

てしばらくした頃、佐藤泰正氏から御電話を頂いた。その折り、氏は拙稿に関して右の主旨の違和感を私に示された。

私には私なりの確信があって「どんなに奇妙なことであれ」と断って敢えて書いたことである。だから、いや、そうではないのだ、それはこういう次第なのだと電話口の佐藤氏に説明した。今、電話の外に立つ第三者にも分かるようにそれを、順を追って説明し直すとこうである。

まず、佐藤氏が念頭に置いていた「宗教的感情」をめぐるムイシュキンの言葉は次のとおりだ。新潮文庫の木村浩の訳を引く。

一時間ばかりたって宿へ帰ろうとすると、乳呑児をかかえたひとりの百姓女に出会った。すると、赤ん坊が母親に生まれてはじめて笑顔を見せたらしいんだ。これは母親の顔つきでわかったことだがね。見てると、その百姓女はさも信心ぶかそうに十字を切るじゃないか。「おかみさん、どうしたんだね?」ってきくと（あの時分はなんでもたずねてみたものなんだけれど）相手は、「いえ、あなた、はじめて赤ちゃんの笑顔を見た母親の喜びっていうものは、罪びとが心の底からお祈りをするのを天上からごらんになった神さまの喜びと、まったく同じことなんでして」と答えたもんさ。これはその百姓女が言ったことだよ。ほとんどこれと同じ言葉でね。じつに深みのある、デリケートな、真に宗教的な思想じゃないか。この思想のなかにはキリスト教の本質のすべてが、つまり、人間の生みの親としての神にたいする理解のすべてと、親が生みの子を思うと同じような神の人間にたいする喜びのすべてが、いや、キリストの最も重要な思想がことごとく、いっぺんに表現されているんだからねえ！

拙稿に対して佐藤氏と同種の違和感を覚える人は少なくないのではないか。もしテクストを読み返し文脈の中で捉え直すということせず、ただ読後感のみに拠って判断する場合には、極端な話、私自身ですらそう感じてしまいそうだ。しかし、文脈はつねにこの種の判断を覆す。テクストとはそういうものであり、読むとはこの転覆を経験させられるそのことなのだ。

ムイシュキンはどのような文脈で右のように語ったのだったか。

まず、誰に語っているかが大事だ。右は一般聴衆に語られたものではない。ひとりロゴージンに向けて語られた言葉である。だが、それはどのようなロゴージンに語られた言葉だったか。

二人はつい先ほどまでロゴージンの「書斎」にいた。最後に園芸用ナイフが出て来る、そこでの対話は、是非、原作（第二篇第三章）を読み返して欲しい。拙稿が先の文を書き込んだのはその分析においてなのだ。「書斎」から二人は「広間」に移動する。そこにはホルバインの『死せるキリスト』の模写がかかっている。その前を通り過ぎながら二人は対話を再開する。「あんたは神を信じているかね、どうかね？」。対話に点火したのはムイシュキンに対するロゴージンのこの問いだ。信仰が失せかけているロゴージンの苦しい自覚に発した問いである。玄関に辿り着いて互いに「さようなら」を言い合った後にもなお、ムイシュキンは「いまの信仰の話だがね」と切り出して前後四つの断片的エピソードを数珠つなぎに語る。「はじめて赤ちゃんの笑顔を見た母親の喜び」はその最後の断片なのだが、二つ目には次のような奇妙な断片がある。

その晩、私はある田舎のホテルに泊ったところ、そこでは前の晩、人殺しがあったばかりなのさ。私が着いたときには、みんながその話ばかりしていたっけ。事件というのはこうなんだ。二人の百姓が、どちらも年配の男で、酒の気はすこしもなく、たがいにもうずっと前からの知合いの男がいっしょにお茶を飲んで、同じ部屋で床に入ろうとしたんだ。ところが、ひとりの男が黄色い南京玉の紐のついている銀時計を持っていることに、もうひとりのほうがその二日前に気づいたんだ。それまでは相手がそんなものを持っているとは知らなかったらしい。その男は断じて泥棒じゃない。いや、それどころか、かえって正直なくらいだったし、百姓の暮しとしてもそれほど貧しいほうではなかった。ところが、その時計がすっかり気に入ってしまって、ふらふらっと、ついに我慢しきれなくなってしまったんだね。そっとナイフを取りだして、相手の男が向うをむいたすきに、用心ぶかくうしろから近づいて、ねらいをつけたうえ、天を見上げて十字を切ると、心の中でせつない祈りをささげたんだ。「主よ、キリストに免じてゆるしたまえ！」と言ったかと思うと、ただ一刀のもとに自分の友だちを、まるで羊でも斬り殺すように斬り殺して、相手の時計を奪ったそうだからね！

ムイシュキンはロゴージンの「書斎」において自分の手が園芸用ナイフの意味を明瞭すぎるくらい意識した後に「信仰の話」をしているという文脈を忘れるべきではない。彼は無神論者の犯罪について語っているのではない。「あんたは神を信じているかね」というロゴージンの、字面はいかにも一般的な、しかし今の彼にとっては切実きわまる深刻な問いに何とか答えようとムイシュキンはロゴージンの心臓に向けてまず念を押しているのだ。どんなに奇妙なことであれ、これもまた神を信じるということなのだ、と。

ロゴージンはどう反応したか。うす気味悪いくらい発作的に大声で笑いくずれた。そして、こう怒鳴った。

いや、おれはそういうやり方が好きだね！　いや、ほんとにこれは何よりもすばらしいじゃないか！　神を信じないってやつがいるかと思えば、人を殺すときにもお祈りをあげるほど信心ぶかいやつもいるんだな……いや、まったく、公爵、こんな話はとても頭じゃ考えだせねえ話だよ！　は、は、は！　いや、こんなすばらしい話はねえよ！……

ドストエフスキーもおそらくこの話を頭で考え出したのではない。彼は「死の家」でこうした信心ぶかい殺人者を何人も見て来た。彼にとって「ナロード」とはたんなる民衆のことではなかったのだ。

乳呑児を抱いた百姓女がさも信心ぶかそうに切ったのも十字であり、友人を斬り殺した「信心ぶかい」百姓が切ったのも同じ十字である。いや、「はじめて赤ちゃんの笑顔を見た母親の喜び」の話と「主よ、キリストに免じてゆるしたまえ」と祈って友人を殺した男の話とが矛盾しないなどと強弁するつもりはない。矛盾はある。深い断層がある。だが、この矛盾に耐えることのできない「宗教的感情」が何ものなのか。私は前者を手放して後者のみを握って放さない者がシニカルに語る皮肉を嫌い疑うのと同様、後者を手放して前者のみを握りしめる者が信仰一般について語る能天気な駄弁を信じない。

ドストエフスキーがそのテクストに持ち込んだキリスト教信仰が何であれ、信仰は信仰であり、テクストはテクストだ。彼の作品を利用して信仰を裏書きしようとする不信心を彼のテクストは断固として拒絶している。母親の話と百姓の話とのあいだにひらいている深淵を力の限り覗き込みその断層を包容しようとしないなら、結末のあの驚くべき音は聞こえないはずだからだ。

私は以上のように説明した。佐藤氏は納得した。

さて、一〇年近くも前の自説を蒸し返して強調するためにここまで縷々と書いて来たつもりはない。私は確信しているのだ。佐藤氏は、頭で納得しても心は、氏の心臓は決して納得しておられなかった、と。この事実にこそ決定的に大事なものがある。当時からずっと、今もそう感じているからこそ、ここまでくだくだしく書いて来たのである。

もうひとつ、誤解のないよう断っておく。私は自分の考えに誤りがあるのかもしれないとか、私の読みにはまだ至らぬところがあるのかもしれないとか、佐藤氏が正しいのかもしれないとか、自分自身に対して懐疑的に考えているということを言いたいのではない。私の考えは、当時はもちろん今でも全く変わっていない。今、佐藤氏に問われても全く同じ確信をもって全く同じように答えるだろう。

しかし、そのこととは別に、私の確信の外に、あえて言えば決して間違っていない（と私が思っている）私の考えの向こう側に、決して説得されずに拍動している佐藤氏の心臓が在るという感触、その心臓は語らず黙っていてもそこに確実に生きて異物のように存在しているという感触には大事なものがあると私は感じている。私にとって大事な何かがそこにある、と。いったい、この心臓はどこから来たのか。何を生きてきたのか。これは何ものなのか。言葉にすると粗雑な問いにしかならないが、私は、例えばそう感じているのだ。反省しているのではない。

＊

世界に関心がうすいせいか、私は地名や店の名をほとんど憶えない。今、調べると日和庵と言ったようだ。

アルス梅光での講演の前日、佐藤氏ご自身が下関駅で迎えてくださった。すぐにタクシーに乗り込み、高台まで運ばれた。降りてから少し徒歩で登ったところにあったと思う。由緒あるレストランだから、きっと途上、詳しい説明があったはずだが、まったく頭に入っていない。ただ気持ちのいい空間だったという印象ばかりが残っている。

大きな広いガラスごしに関門海峡が見下ろせる。穏やかな明るい空間があった。三月の夕方だったから、実際にはもう少し暗かったのかもしれないが、記憶の中のその空間は不思議にあかるい。そう平仮名で書くのがふさわしいような、やわらかな光りが満ちていた。

料理を頂きながら、佐藤氏とふたりで、文字どおり歓談した。矍鑠《かくしゃく》たる碩学を前に、年齢ばかり中年を過ぎた青二才の私は何をどう話してよいか、じつは最初のうち非常に緊張していたのだが、佐藤氏は小林秀雄やドストエフスキーについて青年のように口角泡を飛ばす勢いでざっくばらんに語られた。緊張がほどけ、いつのまにかこちらも青年のように夢中になって話をしていた。佐藤氏と喋っていると、身辺の憂さをすべて忘れ、気分がからりと晴れた。あんな風に語り合ったのは学生時代以来だ。お別れする頃には、窓の外は真っ黒で夜は更けていた。思いもかけず、四、五時間、話し込んでいた。

佐藤氏は亡父と同じ大正六年（一九一七）生まれだ。もし生きておられれば、今年百歳になっている計算だ。あのときは帰りに卒寿のお祝いに混ぜて頂いた。わずか一〇年前のことなのかと不思議に思う。

＊

その半年ほど前のことである。当時、私はドストエフスキー論を連載していた。連載と言っても不定期で、それも半年、一年、一年半とあいだが空いたあげく暗礁に乗り上げたように身動きできなくなっていた。万事休すという状態にあった或る日、電話があった。佐藤氏から、と今書けばそうなるのだが、そのときは不覚にもその認識が全くなかった。最初に梅光学院の佐藤泰正ですと名乗られたのかもしれないが、咄嗟のことでよく聞き取れず、迂闊なことに聞き返して確認することもせず、私はただご高齢らしい読者の方からの電話だと受け止めて応接した。私の連載を丹念に読んでくださっていて、丁寧な感想と暖かい激励の言葉を頂いた。最後に、次回はいつ頃の発表の予定か、今度は何を書くのかときかれて私は当惑した。『白痴』論を書いているが、出るのは半年以上先になるかもしれないと、あてもないのに答えてお茶を濁した。

数ヶ月後、再びお電話を頂いた。ドストエフスキーの長編中『白痴』を最も愛読しておられるとのことだった。作品をめぐって、また小林秀雄の「『白痴』について」をめぐって熱く語られた。今度の電話には明確な用件があった。講演の依頼である。私はこの時になってようやくお名前を確認した。そして、自分の迂闊と非礼を詫びた。佐藤泰正という名を私は何よりもまず『蕪村と近代詩』の著者として明確に記憶していたのだ。

*

吉本隆明に「蕪村詩のイデオロギイ」というエセーがある。昭和三〇年（一九五五）の作で有名な「マチウ書試論」と前後して書かれた。当時の吉本はまだ詩人と批評家と運動家とを区別できない存在だった。「蕪村詩のイデオロギイ」は、私見では最も可能性に溢れていた時期の吉本のエセーである。蕪村が鎖国の江戸期になぜ明治初期の新体詩より遥かにモダンな俳詩（「春風馬亭曲」と「北寿老仙を悼む」）を産み落としえたのか、その謎に、萩原朔太郎や潁原退蔵と全く異なる角度から迫っているだけではない。当時、吉本自身が苦しんでいた現代詩人の悩みに忠実に記されていて興味深い。たとえば、次のような箇所は、蕪村研究者にはもちろん、朔太郎にも潁原にも書けない。

日本のコトバが漢語からはなれて、仮名をつくり出していったとき、言葉は社会化され、風俗に同化し、日本的な社会秩序に照応する日本的な感性の秩序を反映しえたのであるが、それによって、日本のコトバは論理的な側面を中和され、うしなったのである。したがって、変革期において、日本の詩人たちが例外なく当面した問題は、内部世界の表白に論理的に執着すれば、外部現実とのあいだに、いいようのない空隙をおぼえるし、外部現実に執着すれば、内部の論理的な表白が不可能になるという二律排反であり、そのうしろには、たえず日本の社会が論理的な構造をもつことは、不可能なのではないか、という絶望的な予感があり、もどかしさがあった。日本のコトバの論理化は、日本の社会構造の論理化なしには不可能である。現在でも、論理的な発想、いいかえれば内部世界の表象を、論理的に詩にみちびき入れようとする詩人たちの詩が、ヨオロッパの詩の日本版にすぎないか、その最上のものでも、きわめて不安定な感じをあたえるのは、この問題の本質的な解決が、コトバと現実とのあいだの深い関連を、抜本的に解決するのでなければ不可能であることを証左しているとおもえる。

同時代の現代詩人も自身のもどかしさをこのように理論的かつ実践的に表出することはできなかっただろう。詩人と批評家と運動家とが渾然一体となっていた吉本隆明にのみ書ける文章である。吉本自身に関して言っても、二二年後の『初期歌謡論』は、「蕪村詩のイデオロギイ」より遥かに内容が充実し洗練された大著であるにもかかわらず、「日本のコトバの論理化は、日本の社会構造の論理化なしには不可能である」という鋭角をすでに摩耗させている。「日本の社会が論理的な構造をもつことは、不可能なのではないか、という絶望的な予感」がそこではそもそも問題になっていないのだ。ところが、「蕪村詩のイデオロギイ」はその「予感」に苦しんでいた。それは「マチウ書試論」の、よく知られた次の言葉を吐かせた「孤独」でもあったはずである。

人間は、狡猾に秩序をぬってあるきながら、革命思想を信ずることもできるし、貧困と不合理な立法をまもることを強いられながら、革命思想を嫌悪することも出来る。自由な意志は撰択するからだ。しかし、人間の情況を決定するのは関係の絶対性だけである。ぼくたちは、この矛盾を断ち切ろうとするときだけは、じぶんの発想の底をえぐり出してみる。そのとき、ぼくたちの孤独がある。孤独が自問する。革命とは何か。もし人間の生存における矛盾を断ち切れないならばだ。

ロゴージンの「孤独」も「絶望的な予感」のなかで自問していた。信仰とは何か、もし人間の生存における矛盾を断ち切れないならば、と。「加担というものは、人間の意志にかかわりなく、人間と人間との関係がそれを強いるものである」。私は吉本の言葉をムイシュキンとロゴージンとナスターシャの三者を念頭に置いて読む。矛盾を断ち切ろうとしてナスターシャ殺害に手を汚したのはロゴージンだったが、それは彼の意志が決めたのではない。三人の「関係」がそれを強いたのだ。その絶対性の前では、かりに殺意がロゴージンに全くなく、逆にムイシュキンにこそ濃厚にあったのだとしても、手を汚すのはムイシュキンではなくロゴージンであるほかなかったのである。ナスターシャの胸にナイフを突き刺す寸前に彼が天を見上げて十字を切り、「主よ、キリストに免じてゆるしたまえ」と切ない祈りを捧げていたとしても不思議はないのだ。ムイシュキンはそのことをよく知っていた。わがこゝろのよくてころさぬにはあらず。「人間の意志はなるほど、撰択する自由をもっている。撰択のなかに、自由の意識がよみがえるのを感ずることができる。だが、この自由な撰択にかけられた人間の意志も、人間と人間との関係が強いる絶対性のまえでは、相対的なものにすぎない」。しかし、『白痴』の結末においてキリストの足音として響くのも、三人の「関係」

が強いるその「絶対性」なのである。

「蕪村詩のイデオロギイ」は、「日本のコトバ」で詩を書く現代詩人の問題を扱ったエセーだが、根柢において「マチウ書試論」に通じている。そして、「マチウ書試論」はマタイ福音書に逆行しイエスの存在を否定する抹消においてキリストを逆説として明滅させている。どちらの試論も吉本が「絶望的な予感」のなかで「人間の生存における矛盾」を「断ち切ろう」とする「孤独」から書いたものなのである。

私は「蕪村詩のイデオロギイ」には「マチウ書試論」に劣らぬ潜勢力があると考え、同時にまた、しかしなぜ蕪村でありその俳詩なのかと疑問に思い、あれこれ調べたことがある。その手探りのなかで佐藤氏の『蕪村と近代詩』をつかんだ。著作集第一一巻『初期評論二面』を高田馬場の芳林堂で注文したことをよく憶えている。なかでも「蕪村の「北寿老仙をいたむ」に関する一考察」は、蕪村から子規へと引かれた線を朔太郎の『郷愁の詩人与謝蕪村』へと繋いでゆく中継点として藤村の「炉辺」を綿密かつ鮮やかに分析していて印象的だった。『蕪村と近代詩』が昭和三七年（一九六二）に梅光女学院から出版されると、吉本から「近代詩歌の源流は何処にあるかという問題にふれて、これほど精密に論じたものは無い、さらなる深まりをという熱い文面」（「吉本隆明さんのこと」『文学の力とは何か』所収）の葉書が佐藤氏に送られたという。二人の思想に、蕪村詩にとどまらない複層の重なりがあったからだろう。以降、両者のあいだには深い交流が続く。

私にとって佐藤氏が、夏目漱石、北村透谷、中原中也の研究家である以前に、また日本近代文学の拍動をキリスト教という脈ではかりとった批評家である以前に『蕪村と近代詩』の著者だったのは、右の個人的関心の次第があったからだ。

しかし、今でも不思議でならない。『蕪村と近代詩』は佐藤氏の数多くの著作の中でどこか孤独な顔つきをしている。この本に対する世間一般や学術上の評価がどうであったかという問題以前に、佐藤氏自身がこの本に距離を取っておられたようだ。吉本から「熱い文面」の葉書が送られたという回想さえ「しかし私の本来の課題はむしろ翌年刊行した『近代日本文学とキリスト教・試論』が語るごとく、〈文学と宗教〉をめぐる数々の問題であった」(同前)と続く。日和庵でも『蕪村と近代詩』のことについて少しばかり立ち入っておききしたが、ドストエフスキーや小林秀雄について語るときとは打って変わって、あれは昔の本だからとこの本にごく恬淡にしかふれられなかった。しかし、この本は佐藤氏が書かれた最初の本なのだ。私は処女作にすべてがあるなどと信じる者ではない。だが、自分の最初の本に思い入れがないということはないはずだ。『蕪村と近代詩』が佐藤氏の中で占めていた位置には何か独特で奇妙な事情があるような気がする。

＊

日和庵では、佐藤氏が若い頃に萩原朔太郎、三好達治、保田與重郎と会って一緒に文学をやっていたことがあるという話も聞いた。そのことは『蕪村と近代詩』が収められた著作集第一一巻の「あとがき」に詳しく触れられている。昭和一四年（一九三九）七月から一一月にかけて、東京丸の内にあるビルの地下にあったパノンスという店を会場に、萩原朔太郎を囲む詩の研究講義の会が一〇回ばかり持たれた。丸山薫、神保光太郎、津村信夫ら『四季』派の面々のほか、日本浪曼派の縁でだろう、時には保田與重郎の顔も見られたらしい。この「パノンの会」に、当時、二二歳、早稲田大学文学部在学中の佐藤氏が出席していた。会の中心である朔太郎はすでに五三歳で、五年前に詩集『氷島』を上梓して作風を一変させ、三年前には『郷愁の詩人与謝蕪村』を上梓している。佐藤氏は朔太郎のこの蕪村論を当然、読んでいた。会では、近代詩の読み直しとしてまず藤村詩を読んだが、新潮文庫で読んでいるうちに「炉辺」に出会って「あっと驚いた」のが『蕪村と近代詩』の機縁だと佐藤氏は書いている。『蕪村と近代詩』は、文字どおりの青年がパノンスで呼吸した詩の空気に発していたのである。

佐藤氏は翌昭和一五年（一九四〇）に大学を卒業し、山梨に教員として赴任するが、その翌年十二月にはアメリカとの戦争が始まる。そんな時代の傾斜において、当時の佐藤氏は、三〇歳以上年長の朔太郎の詩業を、また七歳年長の気鋭の文芸評論家、保田與重郎ら日本浪曼派の活躍をどのように見ていたのだろう。事後から裁く者の眼ではなく、そこを事前として生きる者の眼に時代と文学の交渉がどう映り、そこをくぐり抜けた後にはそれがどのように見えたのか、私はそのことに少なからぬ関心がある。

佐藤氏は、人生における苦労など誰でもやっているあたりまえのことでとりたてて人前で言うようなことではないと考えておられたらしい。苦労話は一切しなかった。だから、亡父の一生をようがに推察するほかないのだが、先の戦争を二十代に通過して戦後を七〇年間、生きて来た生が平坦であったはずはないのだ。佐藤氏は、同人雑誌の仲間の一人が「海軍の兵学校から特攻隊で敵艦に飛び込んで死にました」と書き、戦没した友人や同人雑誌の仲間たちの痛みや苦しみを知らないで生き残っている自分の人生を〈余生〉だと語っている（「文学が人生に相渉る時」）。〈余生〉とは生き残りということだ。「この世の地位とか名誉とか、そういうものは問題じゃあない。やっぱり彼らのことを思いつつ、自分が人間として、少しでも志を持って、きちっと生きて行く」ということだ。二八歳以降の七〇年間がすべてこの〈余生〉でしかありえなかった人間の生がどんな人生だったか。佐藤氏が洗礼を受けたのは昭和二〇年（一九四五）、敗戦の年である。

*

日和庵での談話でもう一つ思い出されるのは孤児院の話だ。

敗戦後、佐藤氏は京夫人の父親が開設した、戦災孤児たちを収容する施設「天の家」で一一年間こどもたちと暮らしていた。学校の勉強ができなかったこどもたちのために佐藤氏は古い紙を綴じ、一日に起きた出来事を詩のように行分けで書かせ、それを夕食の後に読んで聞かせていた。これを毎日やっていると、こどもたちが書く日記が「素晴らしい詩」になっていることがあったという。「文学が人生に相渉る時」には、盗癖もあって漢字もろくに書けず非行も絶えなかった小学五年の男の子の日記が一例として引かれている。

あめがかなしそうにふってくる
かみさまからみはなされたようにふってくる
ぢめんにおちてないている
さびしいから
さびしいおとがきこえてくる
ぼくもいっしょにないた

かなしく、さびしい内容だが、決してかなしさ、さびしさに流されてしまうことのないフォルムが育まれつつあるのが確かに感じられる。こうした言葉に鋭敏に詩を感受して半世紀以上も作文を取っておいた佐藤氏自身にも、かなしさ、さびしさに流されまいとするフォルムがあっただろう。

一昨年六月の追悼特別講座の後に知らされたことだが、昭和二六年（一九五二）に佐藤氏は『夜の樹』という詩集を出しておられたらしい。氏の最初の本は『蕪村と近代詩』ではなく、この詩集だった。だが、こどもたちが詩として書いたのではない日記文が佐藤氏の内面に思いがけず形作った「素晴らしい詩」や佐藤氏自身の詩は、朔太郎の詩や彼が蕪村まで遡った詩の脈、佐藤氏の中でそれまでずっと拍動していた詩脈とどう連続していたか。むしろ、前者は後者を切断していなかっただろうか。

佐藤氏が「自由な意志」で切断を撰択したと言うのではない。切断は、敗戦という「関係の絶対性」が氏に強いた矛盾を断ち切ろうとしたとき、氏の「自由な意志」の外側から詩として氏の「孤独」に射し込んだのだ。たとえば、一人の孤児が書いた日記が自らを改行するその節々から射し入った。しかも、切断された側の詩はそれで消失したわけではない。それを切断したものから不連続に離れた飛び地に生き続けた。佐藤氏の文業には詩とそれを切断するもうひとつの詩とが同時に二つの中心としてある。初期評論二面、すなわち『蕪村と近代詩』と『近代日本文学とキリスト教・試論』が著作集第一一巻のなかで二つの心臓のように拍動しているのはそのためだ。敗戦時に受洗したから変わったのではない。氏の生から〈余生〉を容赦なく切り離した敗戦という切断それ自体が洗礼だった。それは、文学と狎れ合う心と宗教に安住しようとする心とを同時に切断する。切断する詩は文学によっても宗教によっても回収されない。文学に力があるとすれば、それはつねにそのようなものである。氏の愛読したドストエフスキーの文学、わけても『白痴』がそうであるように。

最後にお断りしておく。追悼特別講座では「物騒なフィクション」と題して辻原登氏と対談した。右に書いたようなことは話していない。ただ、私は開口、佐藤氏の文業に触れ、その根底に詩があったという話をした。だが、口頭では意を尽くせなかった。そこで、意を尽くして言えばこうなるということをここに書いたのである。

漱石の力

奥野政元

一

佐藤泰正先生の追悼講座で話をするようにと言われ、題目を何とするか求められましたとき、即座に「漱石の力」という言葉が口をついて出てきました。それは実に自然な事でありまして、先生がお亡くなりになられ、先生を思い出すたびに、その最後の著書となりました「文学の力とは何か」という題の「文学の力」という言葉と講義をされる先生のお姿とそのドラマチックな口調とがよみがえってまいりますし、その著書の最初に「漱石における〈文学の力〉とは何か」を置かれた意図にも窺えますように、「文学」と「漱石」と「佐藤泰正」という三項を貫く、つまり先生の仕事の最も中心的主題とも言うべき特色には、私たちを根底から揺り動かす力の源泉としての文学があって、それを具体的に形象したのが漱石であったという構図が浮かび上がって来るように思います。特に「力」という独自な用語を選ばれた先生の意図には、私たちがそれぞれの人生を歩むうえでの倫理的道義的根拠を示す命題だけでなく、この現実と社会を超越したものからの視線を感受する私たちの能力への信頼に満ちた促しがあったはずです。倫理や道徳を超え、しかもこの現実をも超えたものというと、それは直接宗教的世界を指すことになりますが、先生は単純に宗教を持ち出しません。あるいは宗教に触れる時には、常に開かれた宗教という言葉を使われました。「キリスト教文学の可能性―ひらかれた宗教と文学を求めて」という題の論文も同じ著書に収められています。そこで先生は「ひらかれた宗教」とは、制度化され組織化された既成の教団や宗派、教派が持たざるを得ない強制や圧迫からの解放の力を意味するものであり、また「ひらかれた文学」とは、「この国の伝統的な自然主義や私小説に底流する、世間的現実に対する平面的、水平的にひらかれた眼ではなく、まさに人間存在の根源に対して〈垂直的にひらかれた眼〉でありこれこそがこの時代の不安や困迷を吹きはらって行く力となるのであろう」と定義づけています。つまり先生にとって、文学と宗教とは、このひらかれてあるという点で、ついに一つのものなのです。

　では文学や宗教がひらかれてあるとは、何が具体的に開かれてあるのでしょうか。同じ論文で先生は、グスタフ・ヤノーホの「カフカとの対話」に引用されたカフカの言葉に、深い啓示を受けたとして紹介しています。それは文学こそが「我々の魂を覚醒させ、ひらいてゆくものだ」という言葉で、それに続けて、ではそれは宗教に行くことになるのかと問われ、「そこまでは言わない。ただ『祈

り に 傾 く』ということだ」というのです。祈りに傾くとは、人間が人間の限界について思い知らされた極限で、その矛盾、不合理、悲惨、苦悩、孤独、そうした限界状況の極限を明晰に認知させられることが、同時にその矛盾や不合理に対する超越的なものへの覚醒にも結びつくような契機となる。そのような事実を指しているのでしょう。

佐藤先生がよく引用される漱石の言葉、それらをここに改めて並べてみますと、よくそのことが理解されると思います。たとえば、先にあげた最後の著書の冒頭論文「漱石における〈文学の力〉とは何か」のまさしく冒頭には、漱石の五高教師時代、明治二九年九月に「人生」と題して「校友会誌」に発表した文章の一部「吾人の心中には底なき三角形あり、二辺並行せる三角形あるを奈何せん」が引用されていまして、それに続けて「底なき三角形と言えば残る二辺を手放せば無限の奈落に落ちるほかはあるまい。この遺されて二辺の対立する矛盾、これを手放さず生き抜くことこそが、この矛盾に満ちた人生を生き抜く力であろう」と語っています。この一文に、既に文学の力、漱石の力、佐藤泰正の力とは何かが、明確に言い切られていると言えるでしょう。

さらにこれに続けて引用されるのは、「遺つたんです。遺つた後で驚いたんです。さうして非常に怖くなつたんです」という先生の言葉で、この作品こそは「人間の孕む矛盾、また狂気への認識の具現にほかなるまい」と述べ、そこから人間の罪とその告白の契機を深く読み取ろうとされています。その叙述中には、こうした罪に対峙する超越者としての神という言葉は出されていませんが、これらの問いに応え得るのは、もはや神以外にはないとする予感と意図は、その文脈の端々に窺いえるものであって、それを再び追求すべく、視点はここから遡って〈修善寺の大患〉をめぐる漱石の回想に移ります。

「忘るべからざる八月二十四日」「三十分の死」の体験についての引用「我然として死し、我然として吾に還るものは、否、吾に還つたのだと、人から云ひ聞かさるゝものは、たゞ寒くなる許である」に触れて、「人間の生きている存在の根拠とは何かと思えば何も無い。ただ寒くなる。魂が凍りつくような寒さだという」その〈存在の寒さ〉を抱えながら、命根、あるいは存在の根源を求める孤独な主人公の内面告白へと、探求は深められたとして、後期の三部作「彼岸過迄」「行人」「こころ」の世界を解析される。特に「行人」の主人公一郎の孤独と苦悩の姿に触れて、「血と涙で書かれた宗教の二字が、最後の手段として、躍り叫んでゐる」と友人Hに予感させながらも、「僕が難有いと思ふ刹那の顔、即ち神ぢやないか。山でも川でも海でも、僕が崇高だと感ずる瞬間の自然、取も直さず神ぢやないか。其外に何んな神がある」と悲痛に訴える一郎に、自我の絶対化以外に如何なる神をも認めることができないが故に、逆に孤独と不安に陥る近代人の矛盾と苦悩を明らかにする。

つまりこの矛盾と苦悩からの救抜は、自我の外にある絶対他者を認め、その前に自らを投げ出す事以外にないと予測されるが、ここでも漱石はそうした絶対他者をあえて持ち出すことはなかった。また次の「こころ」においては、主人公にそのような矛盾と罪に満ちた自らを、告白して投げ出させることになったが、その対象は「私」という人間の前であって、〈神への告白〉という契機はついに見られなかったとする。

そしてついに、このような漱石の目を開いたものこそ、「道草」の一文であったと引用される次の言葉が、ここに来ます。「彼は神といふ言葉が嫌であつた。然し其時の彼の心にはたしかに神といふ言葉が出た。さうして若し其神が神の眼で自分の一生を通して見たならば、此強欲な老人の一生と大した変りはないかも知れないといふ気が強くした」この一文は、まさに漱石自身が作家の眼を通して、作中主人公を超越した絶対他者の視点を予測していることを明らかにするものであります。そうした絶対者から見れば、自分も含めたすべての人間は平等だとする視点、ここに漱石の宗教性があるとし、そのような視点で書き進められた次の作品「明暗」こそは漱石の行きついた宗教性の何たるかを示すものだという吉本隆明の説に触れています。しかし佐藤先生は、その解説に深い同感を寄せながらも、漱石の神にかかわる問いかけは、更に深いのだと今一段踏み込んで行かれる。

二

今まで私は、佐藤先生最後の著書の冒頭論文に見られる漱石の宗教性をめぐって、その内容を漱石の引用文中心に辿りながら、佐藤先生の論旨を解説してきましたが、ここまで来て改めて、この論文の重要性に気づかされてきました。この著書は、二〇一五年六月三〇日発行で、なかでもこの冒頭論文のみが、新たに書き下ろされたものだと、初出一覧に出ておりますから、おそらくこの出版に合わせて改めて書き起こされたものでしょう。しかもそれはこの出版年月日に限りなく近いと考えられます。先生がお亡くなりになったのは、同年の一一月ですから、この論文こそは、先生の最後のまとまった論文だったという可能性もあるわけです。少なくとも先生がこの世に遺された、最後に最も近い言葉でもあったはずです。そしてその内容が、まさに漱石の死ぬ間際に近い言葉でもあったということに、改めて私は今気づいているところです。

そこで、先の論文の結末を少し詳しく解明していきながら、漱石の最後と共に、まさに佐藤泰正の究極の最後とはどのようなものであったかについても、明らかにしていきたいと思います。吉本隆明の「明暗」論に触れて、神の眼から問われれば、人間は皆平等だという視点を導き出した先生は、それがキリスト教的宗教観に近いことを示唆され、さらにV・H・ヴィリエルモの指摘（「漱石の中にはキリスト教信仰のあらゆる要因がある」）や、古井由吉と吉本隆明の対談での指摘（「漱石という人の気韻、あるいは業の質みたいなものは、むしろキリスト教臭いものがあるという感じ」）などを取り上げて、佐藤先生自身が終始こだわり続けた漱石作品における「真摯な宗教性の深さ」を共に語るものだと共感しています。ところが一方では、〈ひらかれた宗教性〉の何たるかに改めてこだわって、まず漱石の英国留学への船中で書かれた英語断片、

私の宗教をして、すべての宗教をその超越的偉大さのなかに包含するようなものたらしめよ。

私の神をして、あのなにものかであるところの無たらしめよ。私がそれを無と呼ぶのは、それが絶対であって、相対性をその中に含む名辞によって呼ぶことができないからだ。それはキリストでも精霊でも他のなにものでもないもの、しかし同時にキリストであり精霊でありすべてであるようなものである。（江藤淳訳）

を引用して、それを〈ひらかれた宗教観〉と名付けた上で、これが漱石晩期にまで一貫するものであることを、晩期の漢詩によって（具体的に云えば、大正五年一〇月六日の「無題」「非耶非仏又非需」「打殺神人亡影処／虚空歴歴現愚」や、同年八月二一日の「尋仙未向碧山行／住在人間足道情／明暗双双三万字／撫摩石印自由成」など）示し、特に「住みて人間に在りて道情足し」について、「いかなる宗教的概念に堕するものでもなく、こうして渾身の力を込めて、〈人間〉の交わりの中を生き抜こうとするこの人生其物の孕む矛盾の根源の何たるかを問いつめんとする、作家究極の志向と努力の中に〈道情〉の何たるかはあるのではないか」とあえて踏み出して言うところ、ここが漱石ならぬ佐藤泰正の力でもあると思えるのです。つまりキリスト教的宗教観と世界観が漱石に満ちていることを言うことによって、漱石をキリスト教的な作家だなどと安易に収めてしまう事への批判がここには見られるのです。さらに推し進めて言えば、キリスト教的だとの言への批判を返す刀で、今度はこれも有名な「則天去私」の〈天〉についても、これでは自我を大我となさしめる主張ともなるのではないかと批判して、矛盾を最後まで問い続けることこそが〈文学の力〉なのだと再び強調していき、かくして最後の最後の漱石の言葉、つまり木曜会一夜の最後の問い「先生は死んだらどうなるとお思いですか」への答えが記されます。実はこれらが、この論文の最後の言葉であり、ということは佐藤先生生前最後の言葉でもあり得たという事実に改めて気づかされたところのものです。
「死後の生活といふやうな事は深く考へて居ない」肉体は亡びるだろうが「しかし精神がそのまゝ一緒になくなるとは、どうしても感情上からも考へたくないね」「心霊学者などのやうに霊がこの空中にふらついて」いると考えるのはどうかと思うが、「とにかく死んだら、その瞬間から一切の自分が何もかも無くなつていると考へられやうかねー」というのが、松岡の記す漱石最後の言葉である。(「漱石先生」一九三四、一一、岩波書店)これらに対して、佐藤先生は「やはり一番心に深く残る漱石の言葉であろう」と述べています。そしてこの論文の結びが、最後に次のように続けられて終わっています。

受けとめるべきはあの死によって、この人生の何たるかを問いつめんとする自分の意識も何もかも消え去るとは思いたくないという言葉にこもる、漱石内面の核心とも言うべきものの何たるかを問いつめる所にこそ、漱石の遺した〈文学の力〉そのものを受けとめる、我々自身の力もまた生まれて来るのではあるまいか。

三

今となっては、これらの言葉は天から響いてくるような思いが、私にはされます。意識的であることにあれほど深くこだわった漱石は、死後の自己にかかわる意識の一切が消滅するとは思えない、いや思いたくないと言った。そこにこそ漱石の文学の力が込められてあるし、それを真摯に受けとめる我々自身の力も、そこで問われていると言うのです。死といい、神といい、天という、それら一切の生を超越するものに、あくまでも意識を根拠にして自己に問い続けるとでも言いましょうか。しかしそれらが生や自己を超越したものである限り、生に限界付けられた有限の自己が、その対極にある無限といったものを、理解し意識化することは、本来不可能なはずであります。そしてここまではどなたでも分かりきったことでありますが、問題はこの後に取り得る人間の態度や行動にあります。漱石の取った態度とは、有限の自己と無限の神や天といったものとの対極に引き裂かれた意識の場を逃げることなく、そのような引き裂かれた意識の場で変容していく、自己そのものを注目し続けよと言うのです。なぜならそのことによって、変容していく自己が明らかになると同時に、そのようにして流転変容させるものが、意識のうちに暗示されていることに気づかされるはずだというのでしょう。我々を変容させる、自己の対極にある無限なるもの、その実体は有限なる我々には分かりませんが、分からないということと、それが実在するということとは、全く違ったことではありますが、両立し得るものです。そして漱石という作家こそ、このような無限と有限との理解しがたい両立の現象、あるいは思想的命題のようなものにこだわり続けた作家であり、そこに漱石のもっとも大きな特質もあったと言えるのではないでしょうか。

たとえば、佐藤先生がよく引用する漱石のことばについて、先に触れましたが、それらを今一度ここで見つめ直してみましょう。まず「人生」の「底なき三角形」「二辺並行せる三角形」ですが、このようなものは現実にはあり得ない筈のものである一方、たとえ意味不明であったとしても、言葉としてこれは成立し得ますし、しかも漱石はその言葉のリアリティに驚いているからこそ、「吾人の心中に」それらがあるのをどうするのか？　と言っているのでしょう。また修善寺の大患での死の経験についても、死んでみたら何もなかったと繰り返し強調してこだわり続けるのは、死んだら何かあるはずだという無意識の前提と望みのようなものに同じようにこだわっていることを、歴然と象徴するものだとも言えましょう。「思ひ出す事など」というこの表題は、ついに思い出すことはできなかったが、その思い出せないことそのものは、そこにやはりあったという漱石の証言行為を明らかにするものでもあります。

漱石という作家は、このような有限と無限、生と死、意識と無意識といった対極に引き裂かれる場所を離れようとはしません。何故離れようとしないのか。それはおそらく、自分と自分を超えたものとが出会う不可思議でミステリアスな感覚と感情が、自己を引きつけて放さないからでしょう。しかしそれはこの時の感覚や感情が、快感や快楽に基づくからではなく、むしろ恐怖と畏怖に似た自己消滅、自己否定に基づくものだからではなかったかと思われます。一方、ではそのような自己消滅にも近い感覚などが、どうして自分を引きつけて放さないと言えるのでしょうか。むしろそのような感覚は、私たちにとって不気味で恐ろしいものですから、避けようとするのが普通ではないでしょうか。然し漱石という作家を考えますと、普通の人が避けようとする道を敢えて踏み込んで突き進もうとする、いやむしろそう進まざるを得ない必然性を、私たちにも実感をもって感じさせるものがあるようです。そうした一種の力の根源にあるのは、目覚めと覚醒、つまり意識的である事への強いこだわりであります。たとえば先ほど、対極に引き裂かれる場への執着について、それは快感や快楽に基づくものではなく、むしろ反対の恐怖や畏怖に似た自己消滅に近い感覚だと言いましたが、自己消滅ということで言えば、快感や快楽の方が自己消滅の度合いはより完全に近いのです。快感や快楽とは、何よりも自己滅却と放下、つまり自己が無くなることでもあるわけです。ところが恐怖や畏怖の感覚とは、不可知なものと対決しなければならない自己そのものを改めて自覚するものであり、それは真の自己への目覚め、覚醒といった意識化を鋭くするものでもあります。しかもこの時の目覚めとは、決して明るく意気の上がるような陽気なものではありません。むしろ暗く、自己を否定する他なるものとの遭遇といった要因にも満ちているでしょう。そのような場への執着を最後まで手放そうとしなかったこと、これが漱石の力だと考えます。

四

ところで、自己を否定する他なるものとの遭遇ということで、人間にとって最も究極的であると同時に、常にその実在の過程で向き合わされるものは、「死の問題」ではないでしょうか。たとえばハイデッガーは『存在と時間』で、実存と出会う二つの契機として、死と良心を挙げていますし、野田又夫も『哲学の三つの伝統』(二〇一三、一二、岩波文庫)で、神と向き合う契機に死を取り上げています。人間はいつか死なねばならないと同時に、明日、あるいは一時間後に死んでも決して不思議でもないはずです。自己存在を意識しつづける者にとって、死とは単純に自己が消えて無になることではありません。むしろ自分が自分で無くなってしまうというときには、神や絶対他者との出会いが逆対応的に起こるもので、たとえば旧約聖書などでは、神を見、神と出会ったりするものは、亡びるとされています。預言者イザヤは神を見たときに「災いだ。わたしは滅ぼされる。わたしは汚れた唇の者。汚れた唇の民の中に住む者。しかも、わたしの目は王なる万軍の主を仰ぎ見た」と言っています。つまり私たちは、死によって逆対応的に神に接するのだということでしょう。漱石にも死をこのような観点から捉えていたと思われる特質が見られることは、「虞美人草」の結末で、甲野さんが日記に、死を前にして始めて人間は悲劇に向き合い、道義の観念に目覚めて真面目に生きようとすると書き込んだ言葉にも明らかですが、ここでも彼は神とは言わず、道義の観念と言っています。そして道義を守り、倫理に従うということは、「こころ」の先生に象徴されているように、明るいというよりはむしろ暗いものでもあって、快感や快楽とは対照的な意味を持っているのでしょう。

このような意味から、漱石における神や絶対他者に関わる言葉で注目されるのは、すでに引用した留学途上での英文断片で、それは十月十二日付けの芳賀矢一日記に記されたキリスト教宣教師との対話に関する断片であったし、今一つ同じ頃の注目すべき英文断片もあります。江藤訳で示してみましょう。

海はどんよりと静まり、わたしは身体の芯まで倦怠にひたって、デッキの長椅子に横たわっている。頭上にひろがる鉛色の空は、周囲の黒ずんだ水のひろがり同様に生の影をとどめず、はるかな水平線のかなたに、あたかも鈍い沈黙を交感させるかのように彼らの倦怠をとけ合わせている。海と空とをみつめているうちに、私はやがて周囲の生を奪われた静寂のなかに吾を忘れる。私は瞑想のつばさに乗って自分を抜けだし、天でもなければ、地でもない、家も、樹木も、鳥も、人間もいない幻想の領域へとはこばれる。天国でも地獄でもない、この世という名で呼ばれる人間存在の中間的段階でもない場所。無限と永遠とが、人を存在の唯一性の中に呑みこむ、空白と虚無の場所。それは、その茫漠たるひろがりによっていかなる描写をも拒んでいる。

デッキ上での漱石の体験、特に「天国でも地獄でもない、この世」でもない場所の記述について、江藤淳は、「おそらく母の胎内の安息の世界である」と言うのですが、これはどうでしょうか。こうなると一種無意識の欲望や願望充足という意味での安息だと言えましょうが、私はむしろ、漱石がこの世界を表現するのに使っている英語に注目したい。この部分を原文で示しますと、次のようになります。

Neither heaven nor hell, nor that intermediate stage of human existence which is called by the name of this world, but of vacancy, of nothingness where infinity and eternity seem to swallow one in the oneness of existence, and defies in its vastness any attempts of description.

「天国でも地獄でもない」「この世という名」の「中間的段階でもない場所」と色々に形容される独特な場所について、英語では「the oneness of existence」といっています。江藤は「存在の唯一性」と訳していますが、この the oneness という英語のニュアンスは、日本語で言う「無」とか「空」とかとは微妙に違うもので、ラテン語の unitas に置き換えて理解できるものでしょう。OEDを見ても、the divine unity の単一性（singleness）といった意味が出てきます。一とはまさに存在の根源でもあって、キリスト教神学的な視点からは、神の絶対性を象徴する意味合いも出てきます。特に英語で表現している事によるのかも知れませんが、漱石の英語断片のニュアンスには、仏教や東洋思想などに貫かれた無とか無常とかの意味合いよりも、むしろ超越や絶対性の意味合いの方が強く感じられるようです。たとえばすでに引用した、留学途上での英文断片の原文を次にあげてみましょう。

Let my religion be such that it contains every other religion within its transcendental greatness. Let my God be that nothing which is really something, and which I call nothing because, being absolute, it cannot be called by a name involving relativity; which neither Christ, nor Holly Ghost, nor any other thing, yet at the same time Christ, Holly Ghost and everything.

江藤訳ですでに示していますので、詳しくは触れませんが、漱石の宗教観には、空とか無とかのある種茫漠とした東洋的精神に根付くものよりは、超越的偉大（transcendental greatness）とか、一切の相対を包含した絶対そのもの（being absolute）とか、つまり唯一絶対の超越者的イメージが付加されているように思えます。たとえば「無」についても、それを言い換えて、really something というと、無そのものが有的存在であるようにも感じられるのです。これについては英語表現による原因も考えられるかも知れませんが、無や空よりも、絶対者とか超越的偉大とか一なる存在とかの用語は、中世キリスト教的思想の伝統ではよく見られるもので、英文学を学ぶ中で、自ずと漱石の神観念に影響を与えたと考えられるのであります。いやそればかりではありません。こうした絶対者や無限の観念は、近代にいたって、それに対峙する人間の意味をも自覚させるものともなり、個人とか自我とかの覚醒にも多大の影響を与えています。たとえば十五世紀のカトリック神父で、枢機卿にもなったドイツ人学者ニコラウス・クザーヌスの思想は、従来からもこの点で注目されています。彼はルターの宗教改革が起こる直前、つまりヨーロッパキリスト教会が、長年の矛盾と不正の闇に堕落していた頃の教会側の思想家であって、哲学史的には、中世神学のドグマから、新しい近代的思考への架け橋となったと位置付けられていて、ヤスパースやカッシーラーなどから注目を受けていました。

ヤスパースは、クザーヌスの主著「知ある無知」に見られる主要な論点を、二つにまとめ上げています。即ち①「無知の知」と②「対立の一致」ということです。まず①について、ヤスパースは次のように解説しています。「神性という無限なるものは、たしかに悟性知によって触れることはできない、けれども悟性の無知のうちに、理性を通して触知され得るのである。この無知は、自己が知らないことをすら自覚していないといったような、あるいは自己が知り得ないことを無関心に放置するといったような空虚な無知ではない。それはむしろ、知れる無知(docta ignorantia)、思惟しつつ自己を展開し、そして自己を充実させるところの無知なのである。」(ヤスパース『ニコラウス・クザーヌス』薗田担訳、ヤスパース選集二七、一九七〇、八、理想社、一九頁)

クザーヌス自身の言葉では、「ひとは、自分が無知であることを知れば知るほど、それだけいっそう知ある者になるだろう」となります。これはソクラテスへの回帰とも言えますが、ここではより近代的な新しい意味が付け加えられてきます。すなわち個性や自己認識の新しいあり方(これが近代的と言われるものです)で、有限なるものと無限なるもの、人間と神、この二つの契機を有限なるものに基づいて捉え直すあり方への道筋が見いだされてくるとカッシーラーは解説しています。それはヤスパースが悟性を通しては触れ得ないけれど理性を通しては触知され得るといったその触知のあり方を、具体的に説明するものとなっています。

（有限と無限などの）二つの契機は、一方のものはいずれもその他方のものへと還元され得ないし、またいずれも他方のものによっては測られ得ない。こうして絶対的なものに対峙する有限な人間的認識にとっては、断念、すなわちまったき自己謙抑以外の如何なる態度も残らない。ところが、まさにこの断念は一つの積極的な契機を蔵している。人間の認識が絶対的なものの無知へと到達するとき、それはそこにおいて、まさしくこの無知そのものの知を獲得するのである。人間の認識は絶対的一性をその純正な「本質」においては捉え得ない。だがそれは自らを、この絶対的一性からの区別のうちで、すなわち自らをその全面的な「他性」において捉える。そしてまさしくこの他性が、今や認識のこのような否定軸に対して一つの関係を有することになる。知は、こういった仕方での関係なくしては、それ自身の虚しさにあって決して自ら認識することはできないであろう。ヘーゲル流に言えば、知はここで、ある意味ですでにその枷を越え出ていればこそ、自らに枷を置くことができるのであろう。区別の意識は、その区別の媒介を内包するのである。とは言え、この媒介は、無限なるものや絶対的存在が再び有限なる経験的自己意識と何らかの関係に入ることを意味しない。ここには依然として、飛び越えられることのない深淵が開かれているのである。かくしてここに、このような経験的自己に代わるものとして、むしろある普遍的な自己が、――個々の特殊存在としての人間に代わって、むしろ人間そのものの精神的内実が現れる必然性がある。

（カッシーラー「個と宇宙」薗田担訳、一九九一、二、名古屋大学出版会）

次に②の「対立の一致」ということであるが、これについてはヤスパースよりもK・フラッシュの次の解説が分かりやすい。すなわち

クザーヌスにとっては神とは、最大のものでなければならなかった。そしてそのことは、彼以前の多くの人も語っているところだが、神は同時に最小のものでなければならないとも言う。なぜなら「考えうるいかなる規定も神に帰せられねばならず、それゆえ、これまでのように、述語を一方的に増加させていくだけでは済まなかった。神は、存在しうるすべてでなければならなかった。「神は存在しうるすべてのものである。（「知ある無知」第一巻第四章十一）普通なら、われわれは、さまざまな対立において考え、あるものがAである、それゆえ、それが同時にBでもあることはあり得ない、と言う。けれども、クザーヌスの「最大のもの＝最小のもの」は、すべてでなければならなかった。何ものもそれに対立してはならなかった。それ故、神に関する彼の定義は、以下のとおりである。「神とは、何もそれに対立するものがないところの一性（unitas）である。（「知ある無知」第一巻第六章一四）

（K・フラッシュ、矢内義顕訳「ニコラウス・クザーヌスとその時代」二〇一四、八、和泉書館、四八頁）

先に引用した留学途上にあった漱石の英文断片に見られるonenessという言葉の背景には、このような絶対者としての神、ラテン語で言えばunitasに基づく意味が包含されていた、あるいは英語で思考し書いている内に、英文脈で言うところの語義が当然出てくるその影響とも考えられるのではないでしょうか。いずれにせよ、自分の理解を超えた不可知なもの、無限とか絶対とかに対峙させられた自己を、カッシーラーも言うように、「他性」として客観化された自己を、捉え直す契機がここに見いだされ、それが近代的自我意識の目覚めとなり得たという事でありましょう。漱石の自己認識とは、このような無限であり絶対であるものを常に前にしながら、自己の変容を通じて、逆にそのような絶対的なるものの実在を新たに感じさせるものであり、そこに作家の力としての漱石的特色があったと言えましょう。

宮坂　覺

漱石が帝大生芥川に託した「ああいふもの」とは

――「鼻」あるいは「羅生門」「舞踏会」「六の宮の姫君」などの多層的〈読み〉に触れつつ――

はじめに

――「文学の力」の衰退はなにを招来しつつあるか、なにを招来するか――

現在、人間を、〈遺伝子〉と〈技術〉で説明する科学者もいる。さらに、動物との違いを〈技術〉の多寡（動物はゼロに近いという。些か疑問が残る）で説明する。確かに、〈技術〉進化深化は想像に絶するものがある。インテルの創業者ムーアは、コンピューター進化は一八か月で二倍になるという法則を説いた。コンピューターがコンピューターを作る現在では、そのスピードはすでにそれをはるかに超えているように〈体感〉（＊自分の言葉の構築の切っ掛け・原点）する。確かに、可視的な数量化できるものの効率は、人の能力が遥かに及ばない地平になっている。インターネット網は、空間や距離を著しく短縮し、さらに流通する情報量を極度に増加させた。いまや、人工頭脳（ＡＩ）が自律する時代も近いという人がいる。さらに、一〇〇年以内にこの人工頭脳が人の脳を超え新たな知的生命体として出現するともいう。この一〇月（二〇一七年）には、ＡＩスピーカーが、店頭に並んだ。必要とする情報をキーボードによって検索する時代から、音声によって情報を検索し、コンピューターが生活者に情報を提供する時代の到来の新たな幕開けともいえる。すなわち、〈言葉〉を視覚的に〈書く〉〈読む〉という行為が、人間の営為から大幅に後退する。〈読み〉〈書き〉〈そろばん〉という人間の営為の三要素から、〈言葉〉に纏わる二つが欠落しかねないのである。

人工頭脳は、〈頭脳〉である以上、学習機能を持つ。ということは、優秀な揺るぎなき価値観？を有した知的生命体の、別の自分が形成構築されて行くことになるかも知れない。究極的には、〈自分の言葉〉〈自分の物語〉を紡ぐ営為が遠景化されてゆく。〈私〉をめぐる〈物語〉が自分の内側にあるのではなく、自分の外側に集積されそこから瞬時に適切？な答が発信される。それは、〈体感〉した生命的違和を、自らの〈ことば〉を駆使し、〈悩み〉〈逡巡〉〈反省〉〈赦し〉〈受け入れ〉〈ひらめき〉から、新たな〈自分の物語〉を紡ぐ人間の営為からほど遠い、いな、営為とは別のコードの出現かもしれない。少なくとも、今も、表層的には、目に見える〈技術〉増幅モンスターが深化を続けていることは事実だ。

が、直観的に〈体感〉し反応する人の感性は、多層的である。出現する知的生命体は、人と似て非なるものと思われる。〈問いつつ〉〈問われつつ〉の双方向、あるいは〈逡巡しつつ〉の人の営みは、人とはあるいは芸術文学とは何かなどなど、派生する突き付けられる緩やかな問いは多い。そして、それは文学とは、文学の力とは何かという問いに繋がる。

昨年平成二八（二〇一六）年は、漱石没後一〇〇年（芥川文壇デビュー一〇〇年でもある）であった（因みに、今年平成二九（二〇一七）年は、夏目漱石の生誕一五〇年、芥川龍之介生誕一二五年、没後九〇年である）。なるほど、

「百年待つてゐて下さい。」と思い切つた声で女は云た。「百年、私の墓の傍に座つて待つてゐて下さい。屹度逢ひに来ますから」

（「夢十夜」第一夜）[1]

こんな言葉も想起する。昨年末、漱石没後一〇〇年それを意識し、漱石のAndroid（人間相似のロボット）が完成？　した。軽いinterviewにも応じたり、漱石作品を朗読（音声は漫画家である孫の夏目房之介の声で合成）したりした。大いに、読者の関心を引いた。特に漱石作品の朗読は聴衆を大いに動かしたようだ。慎重な検証が必要であろうが、聴衆（読者ではない）が、何かを体感し、そこから〈自分の言葉〉を獲得したり、〈自分の物語〉誕生の切っ掛けにならないとは限らない。そのこともあるいは担保しておかなければならない。が、読書行為とは、作品あるいはテキストから、インクの染みを辿り白黒のモノクロの二次元の世界から〈光〉や〈色〉や〈音〉や〈立体〉などを

立ち上げ、さらに、〈水〉を流し、〈風〉を吹かせ、〈時間〉を派生させ、そして自らの裡に〈物語〉を紡ぎあげることである。としたら、体感は同じでも、〈自分の言葉〉の獲得からいえば、アンドロイドの発話からのそれと、読書行為のそれとは大いに異なる。ここに、「文学の力」が、致命的に関わる。

先の「夢十夜」第一夜の末尾は、

「百年はもう来てゐたんだな」と此の時始めて気が附いた。

と閉じられている。

この一世紀のあいだに、人間の営為、人文科学系環境、文学に纏わる環境は変容し、危うい時に差し掛かっている。パラダイムの変貌は大きいことは認めるに吝《やぶさ》かではないが、変貌を良しとするか、非とするかは、非アンドロイド的回路で黙考、思考するべきでもある。人間の営為のインフラである〈文学の力〉の衰退についての深刻性に思いを馳せなければならない、時期が遅れるほど、〈文学の力〉の深刻性は遠景化する。

このような時期に、一〇〇年前に戻って、芥川龍之介の作家誕生の切っ掛けにもなった芥川宛の一通の漱石書簡中の「あゝいふものを是から二三十並べて御覧なさい。文壇で類のない作家になれます。」の言説に注目し、特に漱石が担保した「あゝいふもの」の意味するものを考察してみたい。

特に、この「鼻」評に漱石が託した「ああいふもの」と、「羅生門」末尾の一文の二回の改稿を通して手にした文学的戦略「開かれるテキスト」との関連、距離感を、芥川作品の〈読み〉を通して考察したい。〈文学の力〉の復権にも繋がる見通しを持つ。

一　「鼻」評に漱石が託した「ああいふもの」

帝大生であった芥川龍之介は、友人たちの刺激もあり、渾身の作、「羅生門」を期待と野心の裡に発表した。その経緯を「あの頃の自分のこと」(2)(別稿「二」)

それからこの自分の頭の象徴のやうな書斎で、当時書いた小説は、「羅生門」と「鼻」との二つだつた。自分は半年ばかり前から悪くこだはつた恋愛問題の影響で、独りになると気が沈んだから、その反対になる可く現状と懸け離れた、なる可く愉快な小説が書きたかつた。そこでとりあへず先、今昔物語から材料を取つて、この二つの短篇を書いた。書いたと云つても発表したのは「羅生門」だけで、「鼻」の方はまた中途で止つたきり、暫くは片がつかなかつた。その発表した「羅生門」も、当時帝国文学の編輯者だつた青木健作氏の好意で、やつと活字になる事が出来たが、六号批評にさへ上らなかつた。のみならず久米も松岡も成瀬も口を揃へて悪く云つた。

「羅生門」が、『帝国文学』に発表されたのは、大正四（一九一五）年一一月のことである。時に、芥川龍之介、二三歳、東京帝国大学最終学年（三年生）[3]の秋である。この野心に満ちた作品「羅生門」は、発表当時ほぼ無視されたことは周知のことである。すなわち、〈当時帝国文学の編輯者だつた青木健作氏の好意で、やつと活字になる事が出来た〉が、意に反し〈六号批評にさへ上ら」ず、ほぼ無視されたのである。それればかりか、友人の久米正雄も松岡譲も成瀬正一も〈口を揃へて悪く云つた〉のである。芥川の落胆ぶりは、想像するに余りある。さらに、

事によると自分は、やはりその「書きたがる病」にとりつかれてゐるだけで、中学の英語の教師にでもなる方が適材ぢやないかと云ふ気もする事があつた。

渾身の作「羅生門」の無視、不評のなかで、芥川は、一旦文学の道を諦め、筆を折り中学の英語教師になることも考えたのである。この時点では、「羅生門」は、習作として葬られる可能性は大であった。誤解を恐れずに言えば、国民的テキスト「羅生門」はこの時点では、世に出ないまま消える運命にもあった。

そんな渦中、「羅生門」発表の二週間後の一一月一八日、漱石門下生だった仏文科の林原耕三に伴われ、久米正雄と連れ立って初めて漱石山房に訪ね、夏目漱石と劇的出会いをする。それを機に

漱石の木曜会に出席するようになる。

そして、未来を賭するように漱石を視野に置き、〈唯一の読者〉とばかりに卒業論文もそっちのけで、創作活動に復帰し、翌大正五（一九一五）年二月一五日、友人久米正雄、菊池寛、成瀬正一、松岡譲と第四次『新思潮』を創刊し、漱石を最大の読者とし「鼻」を発表したのである。そして、二月一九日書簡で、周知のように漱石から望外の高評と指針をもらうのである。引用は、その書簡の全文である。


拝啓新思潮のあなたのものと久米君のものと成瀬君のものを読んで見ました。あなたのものは大変面白いと思ひます。落着きがあつて巫山戯《ふざけ》てゐなくて自然其儘の可笑味がおつとり出てゐる所に上品な趣があります。夫《それ》から材料が非常に新しいのが目につきます。文章が要領を得て能く整つてゐます。敬服しました。ああいふものを是から二三十並べて御覧なさい。文壇で類のない作家になれます。然し『鼻』丈では恐らく多数の人の眼に触れないでせう。触れてもみんなが黙過するでせう。そんな事に頓着しないでづんづんお進みなさい。群衆は眼中に置かない方が身体の薬です。

久米君のも面白かつたことに事實といふ話を聴いてゐたから猶の事興味がありました然し書き方や其他の點になるとあなたの方が申分なく行つてゐると思ひます。成瀬君のものは失禮ながら三人の中で一番劣ります是は常人も巻末で自白してゐるから蛇足ですが感じた通りを其儘

つけ加へて置きます　　　　　　　　以上

二月十九日　　　　　　　　夏目金之助

芥川龍之介様

漱石は、戯曲の菊池、松岡の作品には言及しないで、小説を発表した久米、成瀬、芥川の作品を読み批評している。芥川の「鼻」ついて、〈大変面白い〉さらに、〈落ち着きがあつて巫山戯てゐなくて自然其儘の可笑味がおつとり出て〉いて、〈上品な趣があり〉、〈材料が非常に新しい〉と批評する。〈文章〉も〈要領を得て能く整つて〉いて〈敬服しました〉と帝大生芥川龍之介宛てに書き送る。

そして、「あゝいふものを是から二三十並べて御覧なさい。文壇で類のない作家になれます。」と、最大限の賛辞と指針を送った。予言に満ちたこの一節は、作家芥川龍之介を誕生させ、また方向性を示し、近代日本文学史的に見ても重い言説である。漱石が書き送った。「文壇で類のない作家」の必須条件とした「あゝいふもの」とは、何を意味するものであったろうか。漱石は、のちに芥川が自覚的に獲得し、芥川文学の多層性の命根を握る「開かれるテキスト」を嗅ぎつけていたであろうか。芥川文学の命根を握る多層性は、前稿(4)で述べたようには「羅生門」末尾の一文の二回の改稿を通して手にした文学的戦略だと考える。それは、文学の本領である読者自身が孕む生の課題に迫り、問題を突き付け、その生を動かす文学手法への踏み越えでもあった。さらに、また、「開かれたテキスト」という芥川の文学的戦略の会得開眼でもあった。

二　「閉じられるテキスト」、「開かれるテキスト」
――「羅生門」末尾の改稿をめぐって――(5)

〈作家は、処女作に向かって成熟する〉ならば、芥川龍之介の実質的処女作「羅生門」には、芥川文学の文学的戦略の祖型(6)が発見できることになる。(7)それは、テキストに嵌め込められた語りの速度、キーワードの反復と揺蕩《たゆた》いの派生、派生する音楽性、時間の重層と多層、境界線とその越境・踏み越え、冒頭と末尾における力学などなど芥川文学の祖型を見出すことができる。この中でも、冒頭と末尾における力学は看過できない視点である。

作者は、その作品の書き出しと末尾には細心の注意を払う。なぜなら、テキストの開き方と閉じ方は、特に物語性の完成度に比例するからである。特に、短編においては命根を握る。芥川文学の特徴的魅力のコアの一つといってよい。かつて、「芥川龍之介全小説要覧(8)」において、冒頭文の一覧を作成したことがあるが、末尾については触れていないのが懸案になっていた。末尾の一文の中でも、躍動的力学をもって読者に迫るのが「羅生門」の末尾でもある。この際立つ「下人の行方は、誰も知らない」の成立に、芥川の文学戦略の一つの開眼を見る。すべてをそれによって説明しようとは思わないが、何らかの戦略開眼、あるいはその萌芽を見出す。

「羅生門」の末尾の一文は、周知のように、二度の改稿を経て定稿「下人の行方は、誰も知らない」

は成立した。すなわち、

「下人は、既に、雨を冒して、京都の町へ強盗を働きに急ぎつゝあつた。」

（大正四年（一九一五）・一一『帝国文学』初出稿）

「下人は、既に、雨を冒して、京都の町へ強盗を働きに急いでゐた。」

（大正六年（一九一七）・五　第一短編集『羅生門』稿）

を経て、

「下人の行方は、誰も知らない」

（大正七年（一九一八）・七　春陽堂刊『鼻』定稿）

は、成立した。実に、初出稿からかぞえて、定稿「下人の行方は誰も知らない」の成立までに二年八か月の時間を要している。

前稿（注4参照）で、第二次改稿『鼻』（定稿）の「下人の行方は、誰も知らない」に孕まされた、芥川の文学的開眼を探り検証した。たしかに、芥川龍之介「羅生門」は、国民的テキストとして定着した。事実、現在、高校教科書すべてに「羅生門」が掲載され、さらに言えば、現在の中等教育進学者が九七％を超えていることを思えば、「羅生門」は日本国民に親しく読まれている作品、国民的作品の一つといえるのである。が、発表当時から見れば、あまりに乖離した様相である。習作として葬られる大きな可能性を鋭く断ち切った要因は「下人の行方は、誰も知らない」（『鼻』稿）への改稿であったと考える。

勿論、改稿によって失われたものも少なくなかった。初出稿、第一次改稿稿（＊）である『羅生門』稿は、「閉じられるテキスト」であった。「下人は、既に、雨を冒して、京都の町へ強盗を働きに急ぎつゝあつた（＊急いでゐた）。」から、「下人の行方は、誰も知らない」の改編は、「閉じられるテキスト」から「開かれるテキスト」への改編である。改編は、「羅生門」の作品世界からある力量を失った。それが、「羅生門」の読みの主流を「人間のエゴイズムを取り扱った物語」に変更した可能性を見ている。

羅生門の冒頭は、

或日の暮方の事である。一人の下人が、羅生門の下で雨やみを待つてゐた。

と、開かれ、前述したように次の一文によって閉じられている。

下人は、既に、雨を冒して、京都の町へ強盗を働きに急ぎつゝあつた。（初出稿）

下人は、既に、雨を冒して、京都の町へ強盗を働きに急いでゐた。（第一次改稿稿）

「開かれるテキスト」いわば、「下人の行方は誰も知らない」への改編は、「羅生門」の作品世界からある力量を失った。というのは、「雨やみ」という「停滞」「被支配」という状況から「雨を冒して」という言説によって「踏み越え」「越境」の「変身」「自立」「旅立ち」のイメージ改編を読み取ることは牽強付会ではないと考えたい。停滞から踏み越えの秘鑰になるのは、いうまでもなく「雨」であろう。「羅生門」には、〈雨〉が、都合一四回（「雨やみ」―四回、「雨風」―一回を含めて）出てくる。さらに言えば、「雨やみ」は、全二八段落（会話段落は適宜前後の段落に含めた）中、①㈠、②㈠、⑤㈡（①の言説の反復）であり、極めて冒頭に集中されている（「雨風」は⑨㈠のみ）。「雨」は、④㈠、⑤㈣、⑥㈠ ⑩㈠の前半出現し、沈黙を守って最終㉘段落に「雨を冒して」として出現する。いわば、弛緩の法則（エネルギーを貯め、急に緩めることで、刺激的、印象的になる）を想起させる。さらに、それを背景にすれば、「雨を冒して」は、さらなる意味を増す。「冒」は、『大漢和辞典』によれば「むかふ見ずに進む」とあり、「冒す」は、『日本国語大辞典』に「じゃまになる物事を乗り切る。押し切って行う」とある。いずれにせよ、「冒して」の言説には、強度のエネルギーを要することは想像するに難くない。かつて、「羅生門」を「青年の旅立ちの物語」と〈読ん〉だが、[9] いわば「下人の行方は誰も知らない」となり、「冒」「冒して」に裏打ちされた直線的力量は失ったが、なお定稿になってもそのエネルギーが潜んでいたと言えるのである。またそれは、「羅生門」多層的読みを生む。

確かに、定稿「下人の行方は誰も知らない」への改編は、力量を失った代償に、文学的な多層的な読み、文学の深さ、芸術的豊饒さを生んだ。その劇的な蘇生の力学はいかなるものであったのか。その力学は、誤解を恐れずに言えば、「閉じられるテキスト」（プレ・モダン的収斂するテキスト）から「開かれるテキスト」（プレ・ポストモダン的テキスト）へのパラダイムのシフトである。それは、芥川文学を貫通する形で「蜃気楼」（『婦人公論』昭和二（一九二七）年・三）や日本文学におけるモダニズム文学の先蹤といわれる〈絶筆になりそこなった〉[10]「歯車」（『文芸春秋』昭和二（一九二七）年・一〇）などの世界に通じるのである。そして「開かれるテキスト」は多層的〈読み〉を齎した。そして、読者の力量（プラスの意味だが）によって、そのテキストの魅力が深化する。そして、それは、文学の本領である読者自身が孕む生の課題に迫り、問題を突き付け、その生を〈揺すり〉動かす。

その多層的な読みを齎した芥川文学の胞子は、「鼻」に内包され、その祖型を明確ではないにしろ漱石は読み取っていたのではないか。すなわち何かを嗅ぎつけていたのではないかと考える。「ああいうもの」には、多少とも盛り込まれていたと考える。

三　多層的〈読み〉の派生と展開
――「舞踏会」、そして「六の宮の姫君」「杜子春」「蜘蛛の糸」など――

芥川文学の最大の肝、魅力は、多層的構造とそれが齎す多様な〈読み〉の派生であろう。漱石のいう「ああいふもの」のまなざしにそれに届いていたか、あるいは予知していたかを検証するに当たって、多様な〈読み〉について具体的に抑えておきたい。

国民的テキストである「羅生門」は、すでに縷々述べてきたように二回の改稿によって、いわば「開かれたテキスト」によって多様な読みの可能性を派生させた。

「羅生門」同様、末尾を改編した作品に「舞踏会」（『新潮』大正九（一九二〇）年一月）がある。初出稿において、作品末尾、すなわち、今はH老夫人となっている明子に三十二年前の鹿鳴館の舞踏会での仏蘭西海軍将校との思い出を「青年の小説家」に語り終えた後のやり取りによってテキストは閉じられている。

その話が終わった時、青年はH老夫人に何げなくかう云ふ質問をした。

「奥様はその仏蘭西の海軍将校の名を御存知ではございませんか。」

するとH老夫人は思ひがけない返事をした。

「存じておりますとも。Julien Viaudと仰有る方でございました。あなたも御承知でいらつしやいませう。これはあの「お菊夫人」を御書きになったピエル・ロテイと仰有る方の御本名でございますから。」

「舞踏会」は、大正一〇（一九二一）年三月、第五短編集『夜来の花』（新潮社刊）に「秋」（大正九（一九二〇）

年・4『中央公論』)、「杜子春」(同・7「赤い鳥」)、「南京の基督」(同、「中央公論」)などとともに収録される。

その際に、次のように、末尾が改稿されたのである。


その話が終つた時、青年はH老夫人に何気なくかう云ふ質問をした。

「奥様はその仏蘭西の海軍将校の名を御存知ではございませんか。」

するとH老夫人は思ひがけない返事をした。

「存じて居りますとも。Julien Viaud と仰有る方でございました。」

「では Loti だつたのでございますね。あの『お菊夫人』を書いたピエル・ロテイだつたのでございますね。」

青年は愉快な興奮を感じた。が、H老夫人は不思議さうに青年の顔を見ながら何度もかう呟くばかりであつた。

「いえ、ロテイと仰有る方ではございませんよ。ジュリアン・ヴイオと仰有る方でございますよ。」


と、改稿されている。いわば、「閉じられるテキスト」から「開かれるテキスト」となっている。[11] そして、読みに広がり開かれた。敢えて、「存じて居りますとも。Julien Viaud と仰有る方でございました……ピエル・ロテイと仰有る方の御本名でございますから」から「いいえ、ロテイと仰有る方ではございませんよ。ジュリアン・ヴィオと仰有る方でございますよ。」への反転的改稿は、「羅生門」同様に「閉じられたテキスト」から「開かれるテキスト」への改編である。

確かに、「羅生門」改稿とは違って、「舞踏会」改稿は、発表当時の同時代評、例えば、田中純の「一種の高当落語だ。（中略）最後の落とし方は巧い。」（「正月文壇評二」大正九（一九二〇）年・一・一一『東京日日新聞』）、水守亀之助「外国士官がピエル・ロチであった事を当年の一少女をして語らせてゐるが、それは唯口を借りた迄であって、それは作者が読者に向かひ代弁してゐるのが見え透いて、折角の思ひ付も半ば感興を減殺すると思ふ」（「新春の創作を評す」、同・3『文章世界』）などに影響されたことは否定できない。しかし、それだけで、このような反転的改編をしたとは思わない。この全く逆とも思われる末尾の改編は、「無知な女性像」を招来する多少のリスクを伴うことは、芥川自身認識していただろう。が、それ以上に、何かがあったと考える。それも、「開かれるテキスト」に関わると考える。

末文の改稿は、案の定、無知〈にもかかわらず〉、無知〈ゆえに〉明子の〈三十二年前の思い出〉は純化され美化されるという論が多出した。それは、「舞踏会」の主軸を、仏蘭西の海軍将校に見、「私は花火の事を考えてゐたのです。我々の生（ヴイ）のやうな花火の事を」に収斂する〈読み〉あるいは男性原理に絡めとられてきたこと[12]を全く否定できない。もちろん、「羅生門」を、「我執なき愛の不在」の物語と〈読む〉ことも否定しないように、「舞踏会」一編から「我々の生（ヴイ）のやうな花火」の物語として読むことも否定しない。なぜなら、「開かれたテキスト」による多彩な〈読み〉

が展開できるのが芥川文学の真骨頂だからである。

「仰有る方ではございません」という老婦人の〈ふるまい〉は、美しい夢を若者の好事家的好奇心に覆われたくなかったことを意味する。Julien Viaud が、「ピエル・ロテイと仰有る方の御本名」であることを認めることは、彼女の真摯な生とはかけ離れた青年小説家が無意識に用意する俗性の陥穽に嵌ることになる。その陥穽を拒否することによって「聡明な少女から三二年の間に文化的教養を有しない無知な老婦人」になった定説的〈読み〉から「青年小説家の世俗的関心を拒否する自らの透明な思い出を守る聡明な老婦人」像を引き出す〈読み〉が開かれる。[13] この「青年の小説家」の俗性からの離陸は、「六の宮の姫君」（『表現』大正一一（一九二二）年・八）の終末部にも表れる。

九年振りに男に再会した痩せ枯れ死相の浮かんだ姫君は、男に抱かれながら、乞食法師の勧めで〈仏名〉を唱えるが、「暗い中に風ばかり、――冷たい風ばかり吹いて参りまする。」と言いながら、息を引き取る。〈それから何日か後の月夜〉、〈念仏を勧めた法師〉が〈朱雀門の前の曲殿〉にいたが、〈其処へ侍が一人、悠々と何か歌ひながら、月明りの大路を歩いて来た〉。乞食法師は、その侍に、

「御仏を念じておやりなされ。――」

法師は月光に顔を擡げた。

「あれは極楽も地獄も知らぬ、腑甲斐ない女の魂でござる。御仏を念じておやりなされ。」

しかし侍は返事もせずに、法師の顔を覗きこんだ。と思ふと驚いたやうに、その前へいきな

り両手をついた。

「内記の上人ではございませんか？　どうして又このやうな所に――」

在俗の名は慶滋の保胤、世に内記の上人と云ふのは、空也上人の弟子の中にも、やん事ない高徳の沙門だつた。

と、閉じられる。先の舞踏会の〈青年小説家〉は、〈侍〉となって表れる。〈侍〉の関心は、〈法師〉が囚われている〈高徳の沙門〉といわれながらも姫君の魂の救済さえできない孤独で深刻な忸怩たる苦悩、さらには当の姫君の深刻な魂の行方などとは無関係である。彼の関心は、魂の有様や〈行方〉ではなく、高名な人物というこの世俗的な〈ピエル・ロテイ〉ならぬ〈内記の上人〉という表層的情報（宗教的問題も完全には排除できないが）であった。作品世界は、「舞踏会」同様ぱっくりとした亀裂が走るのである。このテキストは、終末部において開かれ、隠された課題を問いかけている。

さらに言えば、「杜子春」（『赤い鳥』大正九（一九二〇）年・七）にも、「開かれたテキスト」が仕込まれている。もちろん、杜子春に「羅生門」の〈下人〉の影を見ることは容易である。[14]「杜子春の行方は、誰も知らない」の言辞に思い及ぶことは強ち筋違いではない。

「杜子春」の仙人は、破壊した杜子春に「蜘蛛の糸」（『赤い鳥』大正七（一九一八）年・七）の〈お釈迦様〉とは違って〈沈黙〉を破るのである。[15]

「何になつても、人間らしい、正直な暮しをするつもりです。」

杜子春の声には今までにない晴れ晴れした調子が罩つてゐました。

「その言葉を忘れるなよ。ではおれは今日限り、二度とお前には遇はないから。」

鉄冠子はかう言ふ内に、もう歩き出してゐましたが、急に又足を止めて、杜子春の方を振り返ると、

「おお、幸、今思ひ出したが、おれは泰山の南の麓に一軒の家を持つている。その家を畑事お前にやるから、さっそく行つて住まふが好い。今頃は丁度家のまはりに、桃の花が一面に咲いてゐるだらう。」と、さも愉快さうにつけ加へました。

と閉じられる。急転直下展開し収束を見る杜子春の旅立ちに、仙人は最終試験を試みる。(16)「何になつても、人間らしい、正直な暮しをするつもりです。」という革命的に変貌したと思われる杜子春の決意表明に対し、仙人は一見蛇足的にも見える思い付きに見える提案を付け加えたのである。その仙人の本音とは何か。杜子春の決意に、もう一度最後の確認をしたのである。「泰山の南の麓に一軒の家」は、「人間らしい、正直な暮し」に馴染まない。最終試験として杜子春の本音を試したのではないだろうか。杜子春の返答は書かれていない。まさに、「杜子春の行方は、誰も知らない」のである。が、読者に杜子春の次の返答を引き出すことで、読者自身に自らの生の課題を突き付け、多層的なテキストとして閉じられるか、開かれるかは、読者は〈読み〉を通してのみ、実現される。

多彩な生を突き付けられる自覚に繋がる。このような「開かれるテキスト」によって読者に揺れを齎す作品は、触れてきた作品以外には「南京の基督」[17]などを数えることができよう。

四　「開かれたテキスト」としての「鼻」

「開かれたテキスト」が、芥川の中何らかの形で視野に捕獲されるのは、大正七年（一九一八）年七月の春陽堂刊『鼻』稿である「下人の行方は、誰も知らない」（定稿）ことは述べてきたとおりである。漱石が、「鼻」評として「ああいふものを是から二三十並べて御覧なさい。文壇で類のない作家になれます」と書き送ったのは、大正五（一九一五）年二月一九日であるので、「開かれるテキスト」の獲得から遡ること二年半ほど前のことである。が、「鼻」には、「開かれたテキスト」の元素は存在したと考える。漱石は、その元素を感じ取った。その結果、「ああいふうもの」に含有されたと考えるのである。

「鼻」は、大正五年二月、第四次『新思潮』創刊号に、芥川龍之助（目次では介）の筆名で発表された作品である。この作品がいかなる状況で執筆されたかについては前述した通りである。簡単に述べると、帝大生であった芥川は、友人達が世に迎えられてゆくなかで、焦燥を感じながら、相当の野心と自信の中で発表した「羅生門」も黙殺された。その失意のなかで、文学以外の道を真剣に考え始めた頃、友人に誘われて漱石の木曜会に出席する。木曜会の出席は、ますます漱石に強烈に魅かれることになり、芥川を生き返らす。そこで、漱石に已れの文学的才能を諮ってもらうべく、もう一度創作意欲を燃やす。卒業を半年後に控え、さらに卒業論文も四月末日までに仕上げなければならなかった。が、卒論もそっちのけで漱石を念頭に置きつつ「鼻」は執筆された。「鼻」の同人評は奮わなかったにもかかわらず、漱石評は〈激賞〉ともとれるものであった。「鼻」評の漱石書簡は、生涯で何回も反芻され続けられるほどに自信と勇気を与えた。この時期の木曜会出席、さらには漱石の「鼻」評がなかったならば、青年作家芥川の誕生はなかったかもしれないし、あったとしても大幅に遅れたであろう。

「鼻」は、「今昔物語」からヒントを得、全く現代的なテーマを注入して仕上げられたものである。


殆ど、忘れようとしてゐたある感覚が、再内供に帰つて来たのはこの時である。

内供は慌てゝ鼻へ手をやつた。手にさはるものは、昨夜の短い鼻ではない。上唇の上から顋の下まで、五六寸あまりもぶら下つてゐる、昔の長い鼻である。内供は鼻が一夜の中に、又元の通り長くなつたのを知つた。さうしてそれと同時に、鼻が短くなつた時と同じやうな、はればれした心もちが、どこからともなく帰つて来るのを感じた。

――かうなれば、もう誰も哂ふものはないにちがいない。

内供は心の中でかう自分に囁いた。長い鼻をあけ方の秋風にぶらつかせながら。

と、閉じられている。この末尾、特に「はればれした心もち」の読み取りが「鼻」一編の肝を握る。永く、〈誤解〉〈錯覚〉さらに高徳の僧への〈偶像破壊〈英雄否定〉と読まれ、〈暗い諦念〉〈傍観者のエゴイズム〉とも読まれた。いずれにせよ、読みの主流は、芥川の実生活を背景に明るいものではなかった。筆者は、「『鼻』を〈読む〉――人生最大危機脱出物語――」(平成三年(一九九一)年・四『芥川龍之介』創刊号)(18)において、

しばらくして、内供の鼻は、再び醜く長くなる。いわば、再び過敏な〈自尊心〉に傷つけられるかつての生活に戻ったのである。が、内供は、〈はればれ〉とし、また「かうなれば、もう誰も哂ふものはないにちがひない」と自らに囁く。

ここで、内供は人生最大の危機を突破したのである。再び長く異形になった鼻は、恐らく人々の哂笑《しんしょう》の的になるであろう。少なくとも、新たに出会う人々は、その異形の鼻を哂《わら》うであろう。が、内供にとって、その哂いはかつてのように自尊心を傷つけはしない。彼は、外なるハンディが克服されても、それによって蝕まれた内なるハンディが克服されぬかぎり事態は変らぬことを悟った。内供にとって異形なものは、鼻ではなく、実は心の裡にあった。それに内供は気づいたのである。人間にとって外なるハンディなど、己れのアイデンティティが確立されてさえいれば、生活に翳《かげ》りをおとさない。内供は、今や五十数歳、人生の黄昏において、初めてそのことに気づく。彼が内供奉僧に上り詰めるほどに、世間から高徳と認められた宗教人であるこ

とを想えば、あまりにも遅すぎる悟りである。内供は、鼻治療という体験を通して名実ともに高徳の僧に変貌したということができよう。

と、読んだ。「内供にとって異形なものは、鼻ではなく、実は心の裡にあった」という〈読み〉は、今も変わらない。その時点では、「開かれたテキスト」という認識はなかったが、本稿で論じてきた諸作品の末尾の〈読み〉と並べてみると、「鼻」にも、すでに「開かれたテキスト」、「多層的なテキスト」「末尾から物語が始るテキスト」として読める可能性（テイスト）あるいは、元素、肌触りを抱え込んでいたと考える。

さらに言えば、結論的に言えば、漱石はそれらを看取していたのではないか。ならば、「ああいふもの」の中にその肌触りが内包されていたと考えるのは牽強付会とは考えられない。

むすび
――「ああいふもの」、そして多層的〈読み〉の可能性と多層的な文化社会――

芥川龍之介は、「あの頃の自分のこと」（『中央公論』（大正八年（一九一九）・一）の「六」の一節で、漱石の木曜会に出席し始めたことのことについて書き残している（ただし、『中央公論』（初出）では「六」として発表されたが、先に引用した「二」とともに、のちの単行本[19]には収録されていない）。

「この頃久米と僕とが、夏目さんの所へ行くのは、久米から聞いてゐるだらう。始めて行つた時は、僕はすつかり固くなつてしまつた。今でもまだ全くその精神硬化症から自由になつちやゐない。――（中略）――現に僕は二三度行つて、何だか夏目さんにヒプノタイズされさうな、――たとへばだ、僕が小説を発表した場合に、もし夏目さんが悪いと云つたら、それがどんな傑作でも悪いと自分でも信じさうな、物騒な気がし出したから、この二三週間は行くのを見合せてゐる。

と、漱石の影響力を記している。さらに、

人格的なマグネテイズムとでも云ふかな。兎に角さう云ふ危険性のあるものが、あの人の体からは何時でも放射してゐるんだ。だから夏目さんなんぞに接近するのは、一概に好いとばかりは云へないと思ふ。我々は大人と行かなくつても、まあいろんな点で全然小供ぢやなくなつてゐるから好いが、さもなかつたら。のつけにもうあの影響の捕虜になつて、自分自身の仕事にとりかかるだけの精神的自由を失つてしまふだらう。兎に角東京へ来たら、君も一度は会つて見給へ。あの人に会ふ為なら、実際それだけにわざわざ京都から出て来ても好い位だ。――」

自分は当時菊池へ宛てて、こんな手紙を書いた事があつた。

この言辞を等身大に信じるかどうか、「この頃[20]」の時期など検討の余地はあるが、当時の感慨をよく記していよう。この文章から、漱石に金縛りに近い状況にあったことが伺える。が、芥川は、「のつけにもうあの影響の捕虜になつて、自分自身の仕事にとりかかるだけの精神的自由を失つてしまふだらう」と、その危険性も認識している。「物騒な気がし出したから、この二三週間は行くのを見合せてゐる。」とも記している。この葛藤の中で唯一の読者ばかりに漱石を意識して、「鼻」を執筆した。そして、「あゝあゝいふものを是から二三十並べて御覧なさい。文壇で類のない作家になれます。」の漱石の賛辞を得た。「材料が非常に新しいのが目につきます」も、意を得たりの感があるであろう。「あゝいふもの」と認定された自身の文学世界に自信も得た。そして、漱石の門下生鈴木三重吉の推輓もあり、「芋粥」（『新小説』大正五（一九一六）年・九）で、文壇デビューした。この「芋粥」は漱石の「あゝいふうもの」を容易に想起する。すなわち、古典から材をとって現代的テーマを注入したという見解に違和はない。

が、「あゝいふもの」は、それに留まるものではなかった。「芋粥」発表の翌月「手巾」（『中央公論』大正五（一九一六）年・一〇）は、時代をほぼ同時代としている。「芋粥」のようには、「あゝいふもの」と直線的に繋がらず、注釈が必要となろう。漱石は、「材料が非常に新しいのが目につきます」は、「あなたのものは大変面白いと思ひます。落着きがあつて巫山戯てゐなくて自然其儘の可笑味がおつとり出てゐる所に上品な趣があります。」の評価に、「夫から」という接続詞によって「材料が非常に新しいのが目につきます」と続く。「ああいふもの」の内実に、もっと広がりが含まれていた。あるいは、芥川も、漱石も、はっきり認識はしていなかったかもしれないが、「閉じられるテキスト」から「開かれるテキスト」への可能性を感じていたと考えられる。縷々述べてきたが、その多層な〈読み〉の可能性を孕む「開かれるテキスト」こそ、芥川龍之介の文学の最大の深淵であり魅力である。それを夙に見出したのは、夏目漱石である。

テキストの多層的な〈読み〉は、多層の社会、多層な文化、多層な情報、延いては多層な他者理解にスライドできる。ならば、その〈文学の力〉の多寡が個人の人間力、個人力に比例しよう。そこに、〈文学の力〉、人文科学系の学問が遠景化することの危険性は極めて深刻であることが伺えるのである。

注

（1）明治四一（一九〇八）年七月二五日から八月五日まで『朝日新聞』に連載。

（2）「あの頃の自分のこと」『中央公論』、大正八（一九一九）年一月発行の第三四巻一号に掲載され、のち、『影燈籠』に収録の際「二」「六」削除された。その「二」。

（3）当時、帝国大学の医学部を除いて、大学の就学期間は三年であった。

（4）「羅生門」末尾の一文の改稿の意味――一つの文学戦略獲得の原風景として――」『芥川龍之介研究

――台湾から世界へ』(台湾大学出版中心発行、二〇一八)所収　※二〇一七・八・一四脱稿

(5) 内容が、注4に一部重なることを諒とされたい。

(6)「芥川龍之介の文学的戦略と〈音楽性〉――〈緊張〉〈弛緩〉、〈速度〉〈反転〉そして〈多層性〉〈ポリフォニー〉――」(フェリス女学院大国文学会『玉藻』第四七号、平成二五(二〇一三)年三月)

(7) 注6参照

(8)「芥川龍之介全小説要覧」(一九九六・四、『国文学』学燈社)

(9)「羅生門」論――異領野への出発・「門」(夏目漱石)を視野に入れて――」(海老井英次、宮坂覺編『作品論　芥川龍之介』(双文社　平成二(一九九〇)年・一二)

(10)「西方の人」(菊地弘・久保田芳太郎・関口安義編『芥川龍之介研究』明治書院　昭和五六年(一九八一)・三、「『歯車』――〈ソドムの夜〉の彷徨――」(昭和五六(一九八一)年・五、『国文学』学燈社)など参照。

(11)「『舞踏会』試論――その構成の破綻をめぐって――」(昭和五〇(一九七五)年・二、『文芸と思想』福岡女子大学文学部)

(12)「芥川龍之介『舞踏会』再論――〈H老婦人〉の〈ふるまい〉をめぐって――」(平成一二(二〇〇〇)年・五、『玉藻』フェリス女学院大国文学会)

(13) 注12参照

(14)「『杜子春』論――〈揺らぐ〉仙人の言説・〈消された末尾の数行〉――」(平成一五(二〇〇三)年・五、

佐藤泰正編『芥川龍之介をよむ』笠間書院）

（15）「芥川文学における〈破られる沈黙〉〈守られる沈黙〉」（平成一六（二〇〇四）年・五、『キリスト教文学研究』日本キリスト教文学会）

（16）注13参照

（17）「『南京の基督』論――〈金花の仮構の生〉に潜むもの――」（昭和五一（一九七六）年・二『文芸と思想』福岡女子大学文学）

（18）「『鼻』を〈読む〉――人生最大危機脱出物語――」（平成三年（一九九一）年・四『芥川龍之介』創刊号　洋々社）

（19）『影燈籠』（大正九（一九二〇）・一）『或る日の大石内蔵之介』（大正一〇（一九二一）・一一）

（20）『影燈籠』（大正九（一九二〇）・一）『或る日の大石内蔵之介』（大正一〇（一九二一）・一一）などには、「二」「六」は収録されていない。このことについては、別に稿を用意したい。

（21）「芥川龍之介詳細年譜」（『芥川龍之介全集　第二四巻』岩波書店　一九九八（平成一〇）年・三）によれば、芥川が、初めて木曜会に出席したのは大正四年一一月で、以降漱石生前には、翌年の六月、九月に記事が見える。「この頃」は、出席当初と考えてよい。

加藤典洋

矛盾と明るさ

――文学、このわけのわからないもの

はじめに

今日は、「文学の力とは何か」ということについて、「矛盾と明るさ」、また「文学のわけのわからなさ」ということを手がかりに、お話ししてみます。

佐藤泰正先生を、ほんとうは佐藤先生とお呼びすべきなのですが、この場で、そうお呼びすると、そこに何か世間的なものが入り込む気がいたします。ここは文学について語る場なので、この先、佐藤さんと呼ばせていただきますがご寛恕ください。佐藤さんもお好きで、何度も言及されたドストエフスキーを手がかりに、ルソーにもふれながら、話してみます。

Ⅰ　文学とは何か――お猿の電車について

1　なぜ子どもたちはお猿の電車が好きなのか

まず、文学とは何か。たとえば、小説と論文、エッセイはどこが違うのでしょうか。私は、小説は、お猿の電車であり、論文、エッセイは、普通の車掌さんの運転する電車だと思います。そして、なぜ、子供たちは、普通の電車も好きだけれども、特に、――いまはもうあまりないはずですが――、遊園地などにあったお猿さんの電車が好きなのだろう、と考えることが手がかりになるだろうと思うのです。

簡単にいうと、お猿の電車では、運転手と乗客の関係が、普通の場合とは逆転しています。普通は、電車について乗客よりもより詳しい専門の車掌さんが、運転台に立つのですが、お猿の電車では、危なっかしいお猿さんが、そこに立つ。どこにいくかわからない。あてにならない。たよりにならない。でも、そういうものに先導されるということは、人の生活する場面にはあまりありません。また、子供はいつも、大人に先導され、指示され、教育される存在です。ああ、そういうことってもうあきあき、という気分があるでしょう。

ですから、お猿さんの電車、などというものが現れると、社会との関係が逆転する、とたんにわくわくしたものを感じるのです。

そこには、すぐに考えても、いくつか、論文とは違う性質のあることがわかります。

2　小説の秩序

たとえば、そこには間違い、というものがありません。小説を領しているのは、何が正しくて、何が間違い、という秩序ではありません。昔、宮沢賢治の「オツベルと象」（昭和元年（一九二六））を読み、面白く思いました。白い無垢な心の象をどこまでも酷使したオツベルが最後、森の動物たちの助けを得た動物たちにやられる話です。でも、そのあと、ある受験参考書で、トルストイの編んだ民話集のなかの「象」という話を読んで、なるほどと思うことがありました。そこでは、悪い飼い主が象に踏み殺されるというまでは同じです。でも、象が振りかえると、そこにその飼い主の奥さんと幼い子供達が立っていて、その奥さんが象に、象、父を殺したのだから、この子達も殺しておしまい、というのです。象は、子供たちをじっと見て、上の子を鼻で背中に乗せると、その後、その子のために働いた、となっています。つまり、間違い、正しい、というのではないが、どこまでも、深くなりうる、叡智というものに、底はない、というのが、文学を領する秩序なのです。

あるいは、こうもいえます。文学では、間違う、ということが、大きな力をもって、そのまま受けとめられると。芥川龍之介が大正八年（一九一九）に書いた「蜜柑」という短編、魯迅が一九二〇年に書いた「小さな出来事」という小品には、自分が間違った、恥ずかしいことをした、という話が書かれています。これも、論文、エッセイでは、なかなか、書けません。論文では、間違ったことは、それをもとに、正しいことがどういうことか、という文脈のもとに回収されてしまいますし、エッセイでも、間違った、ということを書く書き手は、いわばそれを反省して書いているので、いわば安全圏にいます。いまは間違っていない自分が、かつて間違ったことを書くのです。しかし、小説では、間違った、自分は愚かだった、恥ずかしい、ということが、そのまま、書かれえます。

「蜜柑」では、インテリの自分が、疲れた体を列車の二等車に預けていると、そこに田舎者まるだしの娘がやってきて、トンネルまじか、窓をあける。二等車と三等車の区別もわきまえないのか、とこの小娘を見下げていた「私」が黒煙の侵入に、さらにむっとしていると、トンネルをすぎ、意外なことが起こる。娘が、フロシキから蜜柑を何個も取り出したかと思うと、目も鮮やかにそれを、踏みきりに向かって投げる、そこにはこの小娘の弟たちらしい田舎の子供が大きく手を振っている……。娘はいま「奉公」に出ようとしている。それを見送りにきた弟たちの労に、彼女はこうして報いているのだ。「私」は、このところの倦怠と疲労を忘れ、いくぶんかの恥ずかしさとともに、久方ぶりに清涼の気分を味わう、というものです。

「小さな出来事」では、魯迅である「私」が北京で、用事があり、急いで、人力車を走らせていると、老婆が路上にまろび出てきます。「私」から見て怪我をしたとも思えない。わざわざ自分の方から事件をこしらえたか。「私」は、構わず、やってくれ、と車夫にいうが、車夫は私の声には構わず、老婆を助け起こし、怪我はないかと尋ね、そのまま道路を横切り、向こうに行きます。その先には派出所がある。すると、私は「一瞬、一種異様な感じに襲われた」。車夫の後ろ姿が急に大きくなる。そして自分の「卑小」さがみるみる思い知らされてくる。やがて、巡査が、車夫は引けなくなったので、車を変えてくれ、と教えに来ます。すると咄嗟に私はこれを車夫に、とひとつかみの銅貨を巡査に託すのです。そして歩きながら考えます。このわが振る舞いは、何か。彼への褒美のつもりか。「私は自分に答えられなかった」。こう書いて、この六年、いろんなことが政治のうえであったが、すべて記憶から消えた。ただこの小さな出来事だけがいまも「私の眼底を去りやらず、私を恥させ、私を奮い立たせ、さらにまた、私の勇気と希望を増してくれるのである」。

こういう小品を読むと、これが文学というものだ、という気がします。ああ、俺はこんなにも卑小で、こんなにも間違った。そのことが、自分を「恥させ、奮い立たせ」、また自分に「勇気と希望を増してくれる」というのです。そんなことが、論文に書けるか、また、エッセイに書けるか。そう思います。

Ⅱ　文学の力とは何か――ドストエフスキー『地下室の手記』の〝離陸〟について

1　一般的なモラル（哲学）から文学へ

さて、ここではこのような前置きをおいて、文学が一般的なモラル、哲学、つまり論考の書かれ方をどのように踏み破って新しいモラルの地平を作り出すのか、という話をしてみようと思います。具体的には、ドストエフスキーがなぜ、『地下室の手記』によって、新しい小説家として生まれ変わるのか、そこに起こっているのはどういうことか、ということの一側面をお話しすることになります。

それを、哲学から文学へ、という進み行きのなかで見ていきます。

ドストエフスキーは、一八二一年の生まれです。一八四六年、二五歳のときに『貧しき人々』を書いて華々しく文壇にデビューしますが、その人と如才なくつきあうことができない狷介な人柄などもが災いして、その後、支持を失い、一八四九年、二八歳のときに、最左翼グループの一つといってよい社会主義者ペトラシェフスキーを中心とするグループの策動に参加したという罪科で逮捕され、死刑を宣告され、死刑執行の直前に皇帝の恩赦が下されるという政府側が仕組んだ茶番劇のもとで魂を震撼させられるような経験をへたあと、五〇年から五四年まで、四年間、シベリアに流刑になります。

しかし、その後、この彼が、いま私たちの知るドストエフスキーへと「離陸」するのは、一見すると、これまでの経験とは何の関わりもなさそうな、奇妙な小説によってです。

それは、一八六四年、彼四三歳のときに書かれた『地下生活者の手記』ないし、『地下室の手記』と題された、一般的に、読むと、だらだらと奇妙な中年のもと下級官僚の語り手が自分の失敗談について語るという、読みにくい小説です。

読みにくいというのは、とにかくくどい。だらだらと、くどくどと、愚痴のような話がそこに延々と続くのです。

それでもこの作品の価値を否定する人はどこにもいないでしょう。この作品を機に、ドストエフスキーは、小説家としてガラリと変わり、その後、『罪と罰』（一八六六年）、『白痴』（一八六八年）、『悪霊』（一八七一年）、『未成年』（一八七五年）、『カラマーゾフの兄弟』（一八八〇年）と世の中を変えるような傑作群を書き続けることになるからです。

ここに働いているものは何か。そこにも、「文学の力とは何か」という佐藤さんの遺された問いに応えるものが、顔を見せている、というのが今日の話です。

それを、先の入り口の話を受けて、いわば、論文から小説へ、という「離陸」としてここでは語ってみたいと思います。

ホッブズ問題について

まず、論文の話です。近代の政治哲学には「ホッブズ問題」といわれているものがあります。トマス・ホッブズ（1588〜1679）は一七世紀の人で、一六五一年に『リヴァイアサン』を書きました。彼は、人間を動かすものは、欲望と恐怖、つまり自己保存の欲求だけだ、というところまでいったん人間の条件を下落させ、「万人の万人に対する闘争」のなかから、どのように「人々の安心と正義」が再構築できるか、そこにはどのような考え方が必要か、ということについて、考えました。乱暴に整理すると、この人を動かす最低限の材料、いわば「私利私欲」というものから、どのような最高度の達成、世の中の「公共的」な制度というものが作り出されるか。どうすれば、「私利私欲」のうえに「公共性」を作り上げることができるかと、考えたのです。

ディドロからルソーへ

しかし、ホッブズもこの問いに答えることはできませんでした。これに続くジョン・ロック（1632〜1704）になると、いや、何も「私利私欲」を「公共性」と対立的に捉えることはない、となります。ロックは、所有権を自然に神から与えられたものとみなし、個人が所有してよい限度は、物が腐らないで役に立つ程度だという中庸の考えを示します（『市民政府二論』）。両者は、共存できる。それを調節すればよいという立場です。そしてそれがフランスの百科全書派のドゥニ・ディドロ（1713〜1784）になると、穏健な自然権の考え方に落ち着きます。ディドロは、一八世紀なかば、ホッブズの利己的人間にも「最低の理性」はあるのではないか、と考え、それに従えば、「自己保存の欲求」に立って、最後、「公共的」な政体を作ることは可能だという考えを、百科全書の「自然権」という項目に記しました。

しかし、そんなのはウソだ、とこれに反旗をひるがえしたのが、近代の社会哲学を一新させたジャン＝ジャック・ルソー（1712〜1778）です。ルソーは、学校を出ていません。まったくの独学者です。でも一七五〇年にディジョン市の懸賞論文に応募し、受賞したことから、その論文（『学問芸術論』）で社会を驚かせ、以後、社会哲学者となり、その後、めざましい著述活動により、発禁、告発、国外追放などの弾圧にあい、独立独歩の人柄のため、同時代の嫌われ者になります。そして、孤立すると、『新エロイーズ』、ついで『告白』といった文学をものし、ロマン主義という近代小説の新たな地平に道を開きます。ルソーはいわばこの時代の哲学世界のトリックスターともいうべき文人・哲学者です。

そのルソーが、このディドロの説を「道学者」先生の説にすぎない、と述べて、私の内なる「独立人」なら、そんな生ぬるい説には納得しないゾ、さあ、私の内なる「独立人」にも、なるほど「公共的な社会」は、必要だと、納得させるような説を、出して見せろ、出せないのなら、私が出す、と新しい考えを打ち出そうとするのです。

それが、一七五八年から草稿を書かれ、最終的に一七六二年に公刊される『社会契約論』です。

ルソー『社会契約論・ジュネーブ草稿』から『社会契約論・定稿』へ

『社会契約論』は大きくいうと、二段階からなる著作です。それはまず、草稿として書かれるのですが、そこでルソーは問題にぶつかり、それを解けない。それで、その挫折を隠すため、課題を取り下げる。いわば、越えるバーを低く設定し直すのです。

その当初の高いバー、それが、あの「ホッブズ問題」でした。ルソーは、そんな生ぬるいのじゃダメだぞ、とばかりディドロを批判する。それを行ったのが草稿──「ジュネーブ草稿」と呼ばれています──で、その最初のほうで、「私利私欲」の徒であるルソーの「独立人」と呼ばれる登場人物が、ディドロに反論します。あなたは、人間は「公平」であれ、という。たしかに、あなたがいうように、誰もが「公平」だとわかっているなら、自分もそうしよう。しかし誰がそんなことを保証してくれるのか。わからないではないか。だったら「正直者は馬鹿を見る」のタトエ通り、自分だけが損をするのではないか？　そんなのはいやだ、もし保証できないのなら、そんな公平心を私に期待するのはやめてくれ、そう、ルソーの「独立人」はディドロに反論するのです。彼はいいます。そんななら、強者の仲間になって弱者から物を奪い、それを分配しあうというのが自分の仕事になるだろう、自分はそういう道に進む、と。(1)

当初のルソーの企図は、こういう私利私欲の徒をすら、なるほど、そうなら、自分は「公共的」な方向に舵を取り直す、というような強い理論が作られなければならない、そして私はそういう理論を作る、というものでした。

しかし、ルソーは、作れない。その結果、考えたあげく、『社会契約論』からはこの草稿の最初の基礎部分を除いてしまいます。結局この問題を解くことができなかった。それでこの「問い」を消してしまうのです。『社会契約論』は、草稿のこの基礎部分を削除して、公刊されます。

ルソーが解けなかった問題がもう一つあります。それは、国は、賛同者が集まって社会契約をして社会を作る、これを基礎に、作られるのだが、もし、次に子どもの世代が出てきて、そんなオヤジ達のした「契約」なんて俺たちの知ったことか、といったらどうするか、という問題。社会契約の世代間継続の問題です。

彼は、この二つの問題を解けず、第一の問題については、「独立人」の登場を外し、バーを低くし、何によって万人の万人に対する戦い、「私利私欲」のなかから、「社会契約」という「公共的」な企てが起こってくるか、という問いの答えを、やめて、外からやってくる「立法者」という一種の天才が、この社会契約の第一歩を作り出す、というアイディアでこの社会契約第一歩の問題を解決します。

また、「社会契約」の世代間継続の課題をクリアするために、市民宗教という国家宗教を導入しようとします。国家神道のようなものを作り、後継世代にイデオロギー教育をほどこす、というのです。

この「立法者」の章は、『社会契約論』全四編のうち、第二編第七章に「立法者について」として出てきます。また、「市民宗教」の章は、第四編の最後、「結論」の前に、ぽつんと「市民の宗教について」として出てきます。

しかし、これは、この二つの課題をルソーが解けなかったことの表れです。そして、その「破れ目」から、次の動きが起こってきます。つまり、ルソーの社会契約説の通俗化、そして、受けとられ方の変質です。そして次にはこれに対する反逆が起こる。それが、いわば「論文」から「文学」への離陸となるのですが、そこに、「文学の力とは何か」という問いが浮かびあがってくるのです。

ルソー『社会契約論』から、「水晶宮」の思想へ

ルソーのこの問題回避は、以後、社会変革を「理性」主導のものに変えます。ルソーの優等生を自任したロベスピエールは一七八九年のフランス革命を継続させようと、その「市民宗教」の考えに則った革命祭式を考案しますが、一七九三年に行われるその革命の祭典は「理性の祭典」と呼ばれます。また、一方、ナポレオンが現れると（皇帝就任、一八〇四年）、それはルソーの「立法者」の体現者として受けとられるようになります。また、空想社会主義者ジョゼフ・フーリエ（1772～1837）の提唱する理想社会建設の象徴（ファランステール、と呼ばれる都市構想。『四運動の理論』一八〇八年）は、その後、一八五一年のロンドンでの第一回万国博で展示される水晶宮（クリスタル・パレス）と合体し、その名で、理性主体の新しい理想社会建設のイメージとして流布するようになります。

「水晶宮」の思想から『何をなすべきか』へ

さて、一八六三年、ロシアで獄中にある社会主義者チェルヌイシェフスキー（1828～1889）が『何をなすべきか』という小説を書いて、これが公刊されると、若者に爆発的に受け入れられます。この小説では、理想的な社会主義建設が、この前向きな主人公たちによって語られます。ところでここに「地下室」と「水晶宮」が対比的に出てきます。主人公の一人、医学生のロプーホフは、中産階級の堕落した「地下室」の境遇からヒロインのヴェーラを救い出す。そして、彼らが、幾多の試練をへて、最後にめざす未来が、「水晶宮」の建設の名で語られるのです。(2)

ところで、このチェルヌイシェフスキーは、ペトラシェフスキー事件以来、ドストエフスキーの知り合いの一人でもありました。この小説では、結婚したヒロインが別の男性を好きになり、エゴイズムと利他心が衝突する、しかし、最後、そこに調和が生まれるという物語が語られます。そんな「合理的なエゴイズム」は生ぬるい。ドストエフスキーは、ちょうどルソーがディドロに反発したように、この「微温的な」チェルヌイシェフスキーに反発し、これを打破しようと、「地下室」から「水晶宮」を罵倒する物語を企てるのです。それが、「地下室の手記」（一八六四年）です。

ドストエフスキーはこのとき、シベリア流刑経験をへて、大きく新しい場所に抜け出ようとしています。シベリア流刑の最後近く、知人の婦人に書いた「たとえイエスが真理ではないと証明されても、自分は真理ではなく、イエスの側に身をおいていたい」という言葉は、このときの、彼の踏み出した一歩をよく示しているでしょう。

これは、別に言えば、せっかく問題を取り出しながら、けっきょく挫折し、あの「ホッブズ問題」

から逃げてしまったルソーに代わり、いまや「水晶宮」の代名詞にもなってしまった俗流ルソーの理想主義に、今度は小説家のドストエフスキーが三度目の挑戦と行う、「私利私欲」からの出発の試み、世の浅い理性信仰への反逆の試みといってよいものでした。

最初に、ホッブズが提起し、それを十分に命題化できていなかったものを（一六五一年）、次にルソーが「ホッブズ問題」として『社会契約論』の草稿段階で鮮やかに取り出し、しかし、うまく答えを得られず、問い自体を引っ込め、「立法者」に介入要請をして、逃げてしまった（一七六二年）。その二〇〇年越しの社会哲学の問題を、一八六四年、今度は小説家のドストエフスキーがその社会主義経験とシベリア流刑の経験をもとに、「文学」の問題として再度、挑戦しようというのです。

では、彼はこれをどのように展開し、そしてそれに答えを与えたか。

私は、この問いに対する答えが、この『地下室の手記』によって開かれたドストエフスキーの後期の作品群だったろうと考えています。

2　文学――このわけのわからないもの

『何をなすべきか』から『地下室の手記』へ

『地下室の手記』でドストエフスキーは、はっきりとチェルヌイシェフスキーの『何をなすべきか』に照準を絞って、その批判のつもりで、この作品を書いています。第一部の表題となっている「地下室」というのがそうですし、そこで攻撃の的になるものを「水晶宮」の名で語っているのもそうです。(3) 主人公は現在四〇歳の元下級官吏「ぼく」です。二部仕立てになっていますが、第一部の表題は「地下室」。そこで、いまの世に迎えられている「合理的なエゴイズム」という考え方が何とも辛辣な仕方で槍玉にあげられます。趣旨は、ルソーのディドロ批判と同じですが、遙かに徹底しています。(4) ルソーの批判が地べた、一階の床からの二階への批判だとすると、ドストエフスキーの批判は、それこそ「地下室」からの批判なのです。彼は、エゴイズムに立とうと、理性的に、公共的な社会建設に向かうことは可能だという考え方を「浅瀬を渡る」エゴイズムとして否定し、エゴイズム、というのはそんなものじゃない、といいます。

そして、第二部「ぼた雪にちなんで」までを読むと、作者ドストエフスキーが、人間は、「エゴイズム」つまりあの「私利私欲」の底の底まで降りていかなければ、本当の「公的なもの」には出会えないのだ、とホッブズ、ルソーを超えた新しい「文学」の見方で、ここに彼らにとっての「公共性」を自分なりの「公的なもの」によって示そうとしていることがわかるのです。

第一部で、主人公「ぼく」は自分を「地下人」とみなし、こういいます。自分の心の底を割ってそのどん底まで降りるということがどういうことかを、世の君らは知らない。だから、僕がそれを示してやろう。世の誰もが「最も好んで話題にできること」は「自分のこと」だ、しかし、誰にも、「他の人間には打ち明けられないような、自分にしかこっそりとしか打ち明けられないような、いや、自分にさえ打ち明けるのがためらわれるような」秘密がある。ぼくは、それを君らの前にぶちまけてやろう、と。そしてそこでは、「恣欲」の名で、「私利私欲」がいかに自分の足場をなしているかが語られます。
そして第二部になると、その「自分にすら打ち明けられない」恥ずかしい話が、語られるのです。

『地下室の手記』

それはこういう話です。一五年前の話、仲間と娼館にいった。自分は仲間の嫌われ者だったが、どうにも人恋しくなり、俗っぽい男の送別会に出たのだ。その流れで、娼館に行き、自分は最後の売れ残りの一人を指名し、うさばらしにその女と寝た。そこで、ひょんなことから、女と話をすることになり、気持ちがむしゃくしゃしていたので、娼婦というものがいかに人の道をはずれた存在で、最後、どんな惨めな運命をたどるかを彼女に力説した。気がつくと彼女の心はこなごなになっていた。彼女は絶望するが、ぼくの手を強く握ってくる。つい、おさまりがつかず、アドレスを渡し、「よかったら訪ねてきてくれ」などといってしまう。帰宅してからは、まさか来ないだろうなと戦々恐々たる気分になるが、するとこの女がやってくる。たまたま家の召使いがアポロンという尊大なやつで、いつもいまいましいのだが、その日も、アポロンとの諍いで、気分がむしゃくしゃしていた。そこにおりあしく、この女、リーザがくる。それで、この最悪のめぐりあわせに動転し、どぎまぎし、ぼくはいっそ高圧的に出てやろうと、先日のやりとりの「真実」をぶちまける。自分は少しも君に同情なんかしたのじゃないのさ。友だちとぶつかり、みなにつまはじきされた後だったので、もっと弱いやつをいじめてやろうと思って君をつかまえただけなんだ。ぼくっていうのはそういう男なんだよ。「ぼくは君が憎らしくてならなかった。それもあのとき、きみに嘘をついたからなんだ」。ただ適当なことを連ねていただけで、本心では、君なんて破滅すればいいって思っていたのさ。そして、これに、あの名高い下りが続きます。

「そうなんだよ！　ぼくに必要なのはやすらかな境地なんだ。そうとも、人から邪魔されずにいられるためなら、ぼくはいますぐ全世界を一カペーカで売り飛ばしたっていいと思っている。世界が破滅するのと、このぼくがお茶を飲めなくなるのと、どっちを取るかって？　聞かしてやろうか、世界なんか破滅したって、ぼくがいつもお茶を飲めれば、それでいいのさ。きみには、こいつがわかっていたのかい、どうだい？　まあいい、ぼくにはわかっていたんだ、ぼくがならず者で、卑劣漢で、利己主義者で、なまけ者だってことがね。この三日間、ぼくはきみがやって来るのじゃないかと、恐怖にふるえていたものさ(5)」。

そして、ぼくは、この女に、さあ、わかったろう、帰れよ、というのですが、このとき奇妙なことが起こります。このリーザは、すべてを理解し、こんなふうに自分にひどいことを言いつのるこの人は、どんなに苦しいところにいるか、とそう、このぼくのふるまいを受けとめるのです。そして、不意に椅子から飛び上がり、気後れしたままおずおずとぼくに手をさしのべます。ぼくは、すっかり動転して、次の瞬間には、二人して抱擁し、声を上げて泣き出す。彼はいいます、ぼくは……よい人間にはなれないんだ、どうしてもダメなんだ、と。しかし、そうしてしゃくりあげているうちに、いまとなってはかなりばつが悪いな、すっかり役柄が逆転してしまったゾ、……そんな思いがまたしても自意識家のぼくにやってくるのです。それで後から思い返すと、顔から火が出るような恥知らずをまたやったあと、いらいらし、彼女を帰らせようとし、とうとう彼女は立ち上がるのですが、部屋を出る間際、つい五ルーブリ札を彼女につかませる。そしてそれも、よく考えれば、彼女へのむしゃくしゃした憎悪から、出たことでした。でも、すぐに後悔にかられ、待ってくれ、と彼はリーザを呼びます。しかし、階下で扉の閉まるバタンという音がする。そして、気づくと、彼女の手に握らせたはずの五ルーブリ札が、机の上にもみくちゃのまま置いてあるのです。ぼくは狂気のようになって服を着替え、階下に下ります。するとぼた雪が降っている。彼女はまだ二〇〇歩と行っていない。彼は追いかけます。しかし、降りしきる雪のなか、先の十字路までいくと、リーザは消えているのです。「それ以後、ぼくは一度もリーザに会っていないし、彼女の噂も耳にしない。」(6) 手記はこうして、数行続いたあと、終わります。

「文学の力」とは何か

この小説をどう読めばよいのか。ここに現れた「リーザ」とは誰なのでしょうか。

この次に書かれる『罪と罰』を読むと、そこに私たちは、この『地下室の手記』の色濃い残響を認めます。そして、そこからこの問いの答えを半ば得ます。この作品にもルソーの影は濃厚に落ちています。まず、そこでラスコーリニコフが友人のラズミーヒンから翻訳の一部をやらないかと持ちかけられるのは、ルソーの『告白』です。[7] またルソーの社会観の通俗的なシンボルともなっていた「水晶宮」がここでもラスコーリニコフ達の使う居酒屋の名前で出てきます。[8] しかし、それ以上に、何よりラスコーリニコフが自分の犯罪行為を新しい世の中を作るための犯罪だという理屈のもとに行う、その論理が、ルソーが、「立法者」について述べた論理とそっくりなのです。ルソーは、『社会契約論』第二部第七章にこう書いていました。

一つの人民に制度を与えようとあえてくわだてるほどの人は、いわば人間性をかえる力があり、それ自体で一つの完全で、孤立した全体であるところの各個人を、より大きな全体の部分に変え、その個人がいわばその生命と存在とをそこから受けとることができるようにすることができ（中略）る、という確信をもつ人であるべきだ。（中略）

立法者は、あらゆる点で、国家において異常の人である。彼は、その天才によって異常でなければならないが、その職務においてもやはりそうなのである。[9]

そこにふれられるローマの立法者、リュクルゴスがラスコーリニコフによっても語られますが、これは、予審検事ポリフィーリイに尋ねられ、ラスコーリニコフが説明する自分の論文「犯罪について」の論理と、ほぼ同じなのです。

ラスコーリニコフは、人間は天才と生殖材料の二種類に分けられる。そして、天才は、社会を変えるために、法を超えることを許されている。そのようにして、人類は、世の中を変えようとしてきた。その一番よい例が、立法者という英雄たちだ、そう述べていました。

先には、ルソーの『社会契約論』ジュネーブ草稿の「独立人」の継承者として「地下人」、「地下生活者」が『地下室の手記』に出てきたのですが、次には、その緊急避難としてルソーが介入要請した「立法者」の体現者、ないし願望者としてラスコーリニコフが『罪と罰』に登場してくるのです。そして、その「地下人」の前に、現れて消えた娼婦のリーザが、今度は新たな娼婦ソーニャとしてラスコーリニコフの前に現れ、彼を挫く、ことになります。

わたしは、この『地下室の手記』のリーザの出現が、ドストエフスキーにおける神なるもの――「公的なもの」――の最初の現れではなかったかと考えています。あの「もしイエスに真理がないとしても、自分は真理ではなくイエスの側につきたい」とドストエフスキーのいった「イエス」が、ここに現れているのだと思います。彼女を追いかけて、「ぼく」が路上に出ると、ぼた雪が降っています。それは天から垂直におりてきます。そのなか、二〇〇歩先に見えたリーザが、追いかけると、もういない。一五年前、そういうことがあったと、「ぼく」はいうのですが、あれは、イエス的なものが、彼の前に現れたということだった。そう思うのです。なぜ、現れたでしょうか。そこまで、「私利私欲」の場所から離れまいとした。そこで人間の「低さ」にどこまでもとどまろうとした。その力が、彼を「イエス」に出会わせたのだ、と思います。

すると、先の問いは、どうなるでしょうか。

それは、「哲学問題」から「文学」へと離陸することで、「私利私欲」から「公的なもの」へ、つまり「神なるもの」へ、という方向を示すことで、ドストエフスキーによって、一つの答えを与えられている、と見ることができます。

なぜ、「私利私欲」が「公的なもの」＝「神なるもの」につながるのか。また、その裏返しともいってよい「理性の魔」ともいうべき「理性信仰」が、やはり、壁にぶつかって挫折したあと、「神なるもの」へとつながるのか。

『地下室の手記』、『罪と罰』は、この問いに、論理的にではなく、「文学」という「訳のわからない」力と通じて、応えたものだといってよいかと思います。ルソーの天才的な推論と立論の能力をもってしても、解けなかったこの「私利私欲」から「公共性」へ、というみちすじの開拓が、ドストエフスキーの手で、文学によってなされるのですが、それは「神」をいわゆる教会経由の信仰とは異なる回路で呼び入れる道でも、あったのではないか、ということです。

『地下室の手記』のリーザ、『罪と罰』のソーニャは、ともにその最初期の現れなのではないか。そしてその「神なるもの」が最後、もう一度、ドストエフスキーの作品に帰ってくる、それがあの『カラマーゾフの兄弟』における「大審問官」の章なのだ、そう思われるのです。

3 「大審問官」の章について

ここから先は時間が押していますので、簡単にしますが、「大審問官」の章というのは、『カラマーゾフの兄弟』の中に出てくる話です。これは、ドミートリイ、イワン、アリョーシャ、という三人の兄弟の物語ですが、そこに出てくる理性の魔ともいうべき冷徹な次男のイワンが、この小説の主人公でもある宗教的な資質をもつ三男のアリョーシャに語って聞かせる。そういうイワンの構想する「劇詩」の話が、この「大審問官」の章です。

さて、この劇詩は、こんな話です。時は一六世紀。舞台は、異端裁判の火が燃えさかるセヴィリア、いまのスペインです。そこでは毎晩、何人もの異端者が火あぶりにされています。その異端審問の最高位にあるのが大審問官です。ところで、その集団ヒステリアのさなか、この異端審問の地に、キリストが現れます。これを一目見て本物のキリストだと知った大審問官が、これをとらえさせ、夜、その牢獄に一人で訪れ、キリストに話しかけます。彼はキリストに言うのです。お前は、昔、勝手なマネをして羊のように弱い世の人間たちに、信仰というとんでもない重荷を与えた。でも、そんなものに世の人間が耐えられるはずがないではないか。そのため、お前が死んだあと、われわれ教会を任せられた教父たちは、自分の信仰の初心を殺し、世の羊のように弱い人間を導くべく、一五〇〇年もの間苦労しなければならなかった。現に、いまも、異端者を取り締まるという形で苦労している。それなのに、なぜ、いま頃、戻ってきたのだ？　迷惑ではないか。私は明日、一番に、お前を火あぶりにして処刑するつもりだ。いま頃、のこのことやってこられて、また、世の教会の秩序を乱し、世の心弱い信徒達の信仰心をかきみだしてほしくはないからだ。

むろん、私はお前が本当の信仰というものをめざしたことは知っている。ただ、そんなものに普通の人間は耐えられないことを、お前は考え及ばなかったのだ。

なぜ、おまえは、ゴルゴダの丘で十字架を背負い、むち打たれながら歩みを進めたとき、奇跡を起こさなかったのか。それだって私は知っているぞ。とそう、大審問官は言います。

誰もが、奇跡を起こして、お前が宙にでも浮かんで見せたら、一挙に神の子だとわかり、お前に帰依しただろう。あっという間に、お前はこの世を神の国にできたに違いない。しかしなぜそうしなかったか。お前は、人々を奇跡の奴隷にしたくなかったのだ。奇跡を起こしたので、神だとわかった、それで信じる、などということのどこに、信仰などあるだろう。そこには奇跡の奴隷の心があるだけだ。お前はそう考えたのだ。むしろただの人としての自分のことばと、ふるまいだけで、そこから各人のリスクで、保証なしで、間違いかも知れないが、自分はこの人の言葉を、自分の全存在をかけて信じる、という仕方で、自分に帰依してほしい。そうお前は願ったのだ。だから、お前は奇跡を起こさなかった。しかし、人間など、そんなに強くはないゾ。それでわれわれは、それが本当の信仰ではないと知りながら、偽善の道を、十字架を背負うつもりで、お前の死後、担ってきたのだ。

そういうと、これまで一言も発さずに大審問官の長口上を聞いていたキリストが、牢獄の格子に近づいて、大審問官にそっと口づけをします。大審問官はぶるっと体を震わせる。そして、顔をそむけ、牢獄のカギを開け、さ、早く出て、二度と私の前に現れるな、と言う。キリストは、立ち去る。この間、キリストは一言も言葉を発さない。

これが、イワンの語る大審問官の劇詩なのです。

この大審問官とキリストの対面の構図は、そのまま、『地下室の手記』の「ぼく」とリーザ、『罪と罰』のラスコーリニコフとソーニャの対面の構図と重なります。リーザはどこに消えたか。大きく言えば、天上に消えたのでしょう。そしていままた、そこから舞い戻ってきた、それが「大審問官」の章の、キリストなのだろうと思います。

おわりに

文学とは何か。

私は、先に書いた本(『敗戦後論』)のなかで、この「大審問官」の章にふれ、ここにあるキリストのあり方、自分を間違いうるリスクのなかで、選びとってもらいたい、というあり方をさして、「可誤性」となづけました。あることを、考える、決めるのでも、どう考えてもこれしかない、という論理的な推論のあり方――これを不可疑性ともいいます――のほかに、間違いうるなかで考えることのうちにこそ考えることの意味が生きている、という可誤性の考え方がある、そしてこの考え方にこそ、文学の力がこめられている、と考えたのです。

さて、ここまできて、話は冒頭に戻ります。

なぜ、子供はお猿の電車が好きなのか。私たちの誰もが、子どものころ、お猿の電車に乗る、となったら心がワクワクするようだったのか。

なぜ、文学は、間違うことに大きな足場を見出すのか。芥川も、魯迅も、そうするのか。

それを、可誤性の中に身をおくことの自由、元気、面白さ、明るさ、ということができるかと思います。それが、今日、佐藤さんも読み続けられたドストエフスキーにふれ、私の申し上げたい「文学の力」です。

注

(1)ルソーは『社会契約論』の「ジュネーブ草稿」で彼の「独立人」をしてこう述べさせている。「私としては、自分が抑制することで、どうして暴力から免れる保証が得られるのかが、まったくわからないわけだから、なおさら、あなたの言うとおりの状況を喜んで受け入れる。そのうえ、強者を自分の味方にして、弱者からの横領品を強者と分かち合うことが、私の仕事となるだろう。このほうが、私の利益にとっても、また安全にとっても、正義よりは役に立つだろう(ルソー「社会契約論(ジュネーブ草稿)」、『ルソー全集第五巻』作田啓一訳、加藤『戦後的思考』より再引用、三〇二頁)

（2）チェルヌイシェフスキー『何をなすべきか』の話の大要は次のようなものである。ヒロインはヴェーラ。彼女は両親の強いる上役の娘との結婚から逃れ、正義漢の医学生ロプーホフと結婚するが、やがてロプーホフの友人キルサーノフを愛するようになる。ロプーホフは自殺を装い、姿を消し、ヴェーラは絶望する。しかしその後、革命家のラフメートフに励まされ、キルサーノフと再出発。その後、アメリカに渡り、別の女性と結婚したロプーホフが帰国し、彼らはまた新しい未来に向かって手を取り合いながら生きていこうとする。総じて、エゴイズムが肯定されたうえで、それが角逐をへて、最終的に合理的な調停へといたる、という楽天的な人間観を示している。

（3）「水晶宮」のイメージは、このように「水晶」の比喩によって語られる。「諸君は、永遠に崩れ去ることのない水晶宮を信じておられる。つまり、内証でぺろりと舌を出されたり、こっそりと赤んべえをされたりすることのない建物の存在を信じておられる。ところがだ、ひょっとするとぼくは、この建物が水晶でできていて、永遠に崩れ去ることがなく、内証で舌も出せないような代物であるからこそ、それを恐れているのかもしれない。」（『地下室の手記』五五頁）

（4）そこでは「恣欲（私利私欲）」の場所から、痛烈な世のモラル、また「合理的な欲望」への罵倒が繰り返される。たとえば、「ああ、教えてくれ、だれが最初にあんなことを言い出したのだ？　人間が汚らしい行為をするのは、ただただ自分の心の利益を知らないからだなどと（中略）。もし人間を啓蒙して、正しい利益に目を開いてやれば、汚らしい行為など即座にやめて、善良で高潔な存在になるちがいない、（中略）だと？　ああ、子供だましはよしてくれ！　無邪気な赤ん坊もいいところだ！」（同前、三二〜三三頁)、あるいは、「だいたいが例の賢者どもは、人間に必要なのは何やら正常で、しかも道徳的な恣欲であるなどという結論を、どこから引っ張り出してきたのだろう? (中略) どうしてそんな想像しかできないのだ? 人間に必要なのは (中略) ただ一つ、自分独自の恣欲である。たとえこの独自性がいかに高価につこうと、どんな結果をもたらそうと知ったことではない。だいたいが恣欲なんて、そんなわけのわからない代物なのだ……」(同前、四〇〜四一頁)、あるいは「しかし、諸君、恣欲というやつは、きわめてしばしば、というより、たいていの場合、まったくかたくなに理性とくいちがうものだ。そして……そして……実をいうと、そこがまた有益であり、ときには讃むべきことでさえあるのだ。」(同前、四六頁) というように。

(5)『地下室の手記』一九二頁。

(6) 同前、二〇三頁。

(7)『罪と罰』第二部第二章、『罪と罰1』二六三頁。

(8) たとえば、『罪と罰』第二部第四章 (『罪と罰1』三一三頁)、第六章 (同、三九五頁) など。

(9) ルソー『社会契約論』第二部第七章 (六三頁)。

参考文献
宮沢賢治「オツベルと象」、『宮沢賢治全集第八巻』ちくま文庫、一九八六年。
レフ・トルストイ「象」、『子供のための話』米川正夫訳、河出書房、一九四六年。

芥川龍之介「蜜柑」、『蜘蛛の糸・杜子春』新潮文庫、一九六八年。

魯迅「小さな出来事」竹内好訳、『阿Q正伝・狂人日記他十二編（吶喊）』岩波文庫、一九五五年。

ルソー『社会契約論』桑原武夫・前川貞二郎訳、岩波文庫、一九五四年。

同「社会契約論（ジュネーブ草稿）」作田啓一訳、『ルソー全集第五巻』白水社、一九七九年。

チェルヌイシェフスキー『何をなすべきか・上下』金子幸彦訳、岩波文庫、一九七八年。

ドストエフスキー『地下室の手記』江川卓訳、新潮文庫、一九六九年。

同『罪と罰1』亀山郁夫訳、光文社古典新訳文庫、二〇〇八年。

加藤典洋『敗戦後論』ちくま学芸文庫、二〇一五年。


なお、本稿は、大きく手を加えたうえ、先に同題で『もうすぐやってくる尊皇攘夷思想のために』（幻戯書房、二〇一七年）に収録したものの原形をなす講演記録である。

「梯子」はどこから来たか
——『西方の人』論争を端緒として——

浅野　洋

はじめに

昭和二年七月二四日未明、芥川龍之介は睡眠薬ベロナールとジャールの致死量をあおって自殺する。枕頭には一冊の聖書が置かれていた。死後に公表された何編かの遺稿のなかで、文字どおりの絶筆は『続西方の人』である。これは二週間前に書かれた『西方の人』（末尾に「昭和二・七・十」の日付）の続編で、自殺前夜の七月二三日深更まで書きつがれた。芥川はこの続編を完成させるために自殺をくりのべた、ともいわれる。枕元の聖書は、芥川晩年のキリスト教に対する親炙と、クリストをめぐる遺作『西方の人』（正・続編）執筆のために随時参照したことをうかがわせる。当代人気作家の自殺という衝撃的な事実をうけて公表されたこの遺作は、芥川の文学や人生を総括する一篇であるだけに、その意味づけは容易ではない。しかも、それは一般的な小説形式ではなく、特異な〈比喩〉形式であることもその難しさに拍車をかけている。

この難しい一編をめぐって、かつて小さからぬ論争があった。文学作品をめぐる論争のなかでもとくに厄介なのは、テキスト（本文）の正誤自体が問われつつ、見解の相違が論じられるケースだろう。『西方の人』をめぐる論争がまさにそれで、口火を切った佐藤泰正「芥川龍之介管見」(1)は作中の次の一節を問題とした。

けれどもクリストの一生はいつも我々を動かすであらう。それは天上から地上へ登る為に無残にも折れた梯子である。薄暗い空から叩きつける土砂降りの雨の中に傾いたまゝ。……

（『西方の人』「36　クリストの一生」傍点筆者、以下同じ）

従来、多くの読者は傍点部を「地上から天上へ登る」と読みすごして何ら問題とすることがなかった。たとえば、芥川研究の道を大きく拓いた吉田精一は、長くスタンダードとされた『芥川龍之介』（三省堂、昭和17・12）の中で次のように述べていた。

――かういふクリストの一生は、彼の後に生まれた精靈の子供達の一生をも象徴してゐる。それはみづから燃えつきようとする一本の蝋燭にそつくりである。或は又地上から天上へ登る爲に無殘にも折れた梯子にたとへてもよい。薄暗い空から叩きつける土砂降りの雨に傾いたままの梯子に。……

佐藤氏は、吉田氏の右の一節をそのまま引用して次のように述べた。

以上は、吉田精一氏の『芥川龍之介』中、『西方の人』を論じ、その内容を摘記したものの一節であるが、芥川のあの作品を少し注意して読まれた方は、すでに気づかれたかも知れない——ひとつの誤りがある。

芥川はなるほど、キリストの生涯を雨中に無惨に折れた梯子にたとえてはいるが、ただ彼はそれを「天上から地上へ」と記している。この一見些細に見える——しかし根柢的には非常に重要な誤りはどこから生まれたのであろうか。

佐藤氏は、吉田氏の角川文庫『西方の人』「解説」も同内容である事実を確認したうえで、「キリスト者ならざる評家」が「作家の宗教性を論じつつも、多くは、宗教的本質、あるいはキリスト教自体に関する理解の曖昧さから、問題の周辺を空廻りするていに陥っている」とし、吉田氏の「誤り」も「その不毛の例証のひとつ」と断じた。そして、「自らの一切を作品というきびしい造型の裡に鋳込んでゆく作家」だった芥川の「目指すものが『地上から天上へ』の脱出、超剋の契機を含みつつ、同時にまた、『天上から地上へ』の、いわば還相の途上に完結せしめられねばならぬことを意味している」と論じた。

一

上述の佐藤説には反論も出された。「誤り」を指摘された当の吉田氏は、「芥川龍之介――『西方の人』について――」(2)で「天上から地上へ登る」とある記述が「正しく芥川がこの通り書いたものか、あるいは普通の常識に従って『地上から天上へ登る為に』と書こうとしてあやまったのかが、問題」だとし、「『西方の人』はかなりあやまりのある文章だから」「今のところ私は『地上から天上へ登るために』と解釈する方が妥当で、芥川の書きあやまりと見ている」と述べた。笹淵友一「芥川龍之介とキリスト教――『西方の人』について――」(3)は、作中のクリストが「『永遠に超えんとする』意欲に捉えられた浪漫主義者として図式化され」ており、全体の文脈からみて「天上から地上へ登る」は「地上から天上へ登る」の「誤植か原稿の書き誤り」と断じた。吉田氏はのちに「芥川龍之介集解説」(4)で再び『西方の人』が「慎重に筆をとったものではない」とし、「若干のケアレス・ミステークや、引用の不正確」な実例をあげ、問題箇所が「ケアレス・ミステークでないとはいえない」と述べ、笹淵氏(5)もフローベルらの芸術至上主義を参照した芥川の志向から再び誤記説を主張した。一方、梶木剛・磯田光一・大久保典夫らは記述そのままに『西方の人』の意義を論じ、結果的に佐藤説を支持した。

賛否両論が交錯するなか、佐藤氏は、芥川研究の泰斗からの反論にも臆せず、再びより精細な再論「『西方の人』論」(6)を発表し、問題の一節に見える「挫折感が、『生活的宦官』という、あの欠落感に根ざすものであるならば、まさしくそれは『天上へ』ならぬ『地上(の生活)へ』到らんとして届き得ざる挫折と敗残の情へとつながることは明らかで」「ここに敢て『地上へ登る』と記さざるを得なかった必然があった」と論じた。さらに『或阿呆の一生』冒頭の「二十歳の彼」が登った「梯子」との関連や、ヤコブの夢に登場する「梯《はしだて》」(創世記二八・一二)との密接な繋がりを論じ、キリストがナタナエルに発した言葉「まことに誠に汝らに告ぐ、天ひらけて人の子のうへに神の使たちの昇り降りするを汝ら見るべし」(ヨハネ伝第一章五十一節)を引用して次のように述べた。

「人の子」とはキリスト自らを指すものであり、この時キリストは、あのヤコブ物語の梯子の挿話をふまえ、自分こそは天と地との間を、神と人との間をつなぎ、みたす、真の梯子であることを示す。芥川が「クリストの一生」を「天上から地上へ登る」「梯子」にたとえた、その根拠はこれ以外にはあるまい。彼のヤコブ物語への深い関心、また晩期の聖書への傾倒からするならば、これはおのずからな帰結であろう。

『西方の人』の「梯子」が佐藤氏の指摘する聖書の一節を出自とすることは否定しがたい。また、生原稿が「天上から地上へ登る」となっており、生前の芥川が若干書き入れをした初出掲載文（「改造」昭2・8・1発行、日本近代文学館蔵）でも問題の箇所に修正がない以上、吉田・笹淵両氏らの〈誤記説〉はきわめて劣勢である。佐藤氏は後年の「テクスト評釈『西方の人』『続西方の人』」[7]でも自説を確認している。

要するに、この論争の眼目は、「天上から地上へ登る」という逆説めいた叙述の認否であった。実際、それは天と地の上下に対する通念とは逆の構図であり、「天上から地上へ」は〈降りる〉や〈下る〉とするのが順当だが、遺された生原稿には現に「天上から地上へ登る」とある。ただ、当該箇所は「それは天上から地上へ登る為に無残にも折れた梯子である。」という文章の一部である。「それ」とは「クリストの一生」をさすが、この主語に対する述語は「梯子である」である。「天上から地上へ登る為に無残にも折れた」はその形容（修飾）であって、比喩としてのウエイトは「梯子」という表象にかかっている。つまり、「クリストの一生」は「梯子」（折れた梯子）に譬えられており、とすれば、まずは「梯子」という表象がいかなる来歴をもつのか、それを問うのが先決だろう。

二

「梯子」に関しては、先の佐藤氏の再論[8]が次のように指摘していた。

さてヤコブは二十年前ラバンへの旅の途中、石に枕しつつ夢を見た――「梯《はしだて》の地に立ちゐて其巓《そのいただき》に天に達《いた》れるを見又神の使者《つかひ》の其にのぼりくだりするを見たり」（創世記二八・一二）という。この天と地をつなぐ梯子の夢は、当然芥川の心理に深くはたらいていたとみてよかろう。『西方の人』の「梯子」がヤコブが夢に見た「梯」を典拠とするという佐藤氏の主張は説得力があり、最も有力な直接的典拠だろう。一方、「梯子」は『西方の人』以外の芥川作品にも登場しており、芥川文学は「梯子」に始まって「梯子」に終わったともいえる。

まず、佐藤氏も指摘する『或阿呆の一生』冒頭に見える「梯子」である。

それは或本屋の二階だつた。二十歳の彼は書棚にかけた西洋風の梯子に登り、新しい本を探してゐた。（中略）彼はとうとう根氣も盡き、西洋風の梯子を下りようとした。（中略）彼は梯子の上に佇んだまま、本の間に動いてゐる店員や客を見下した。彼等は妙に小さかつた。のみならず如何にも見すぼらしかつた。

「人生は一行のボオドレエルにも若かない」

彼は暫く梯子の上からかう云ふ彼等を見渡してゐた。

（「一　時代」傍点筆者）

見てのとおり「彼」は「梯子」に登ったまま地上に下りていない。「人生は一行のボオドレエルにも若かない」とうそぶく青年の倨傲《きょごう》は、彼が「梯子」の上に〈登った〉状態だからこそ口にできる台詞だろう。また、彼の眼に映る現実世界が「妙に小さ」く「見すぼらし」いのも「西洋風の梯子」の高みがもたらす錯視である。青年は「梯子」に登って得意げだが、高みの快感はいつしか「梯子」からの「下り」方を忘れさせるという人生の陥穽《かんせい》を知らない。「梯子」の与える錯視に酔い、その陥穽に盲いていたからこそ、彼の人生は最終章（五十一）の「敗北」に追いこまれたのだ。

この青年のたどった「敗北」の軌跡が『西方の人』の「折れた梯子」に譬えられたという見方はいかにも自然な連想と思えるが、はたしてそうか。たとえば『或阿呆の一生』は、芥川の死後、昭和二年一〇月一日発行の雑誌「改造」に〈遺稿〉として発表された。だが、同作には久米正雄宛ての遺書めいた前書きが付され、その日付は「昭和二年六月二〇日」となっている。つまり、芥川は自殺決行の一カ月以上も前に完成させたこの作品を〈遺作〉とすべく企図していたのだ。いわば『或阿呆の一生』は、自殺という衝撃的な人生の幕切れを飾るスノビッシュな文学的総括ないしはスタイリッシュなダイイング・メッセージとして準備されたことになる。芥川は、「彼」という三人称の分身に精神的自画像を仮託し、「西洋風の梯子」を文学的出発とする自身の人生をほぼ通時的に再構成し、この道筋をたどれば「敗北」も必至だ、と見える悲劇の物語を描いたのである。しかし、自殺を前提とし、芥川当人を連想させる「彼」を軸とした換喩（metonymy）的世界は、いかに悲劇的であれ、どこか自己顕示的でヒロイックな心性を感じさせる。『或阿呆の一生』脱稿から約一カ月のあいだ、自殺決行が迫るなかで、芥川自身、スノビッシュでスタイリッシュな創作論理の臭気が鼻につきはじめたのではあるまいか。それゆえ彼は真の〈遺作〉をなすべく『西方の人』に再び取り組んだと思われる。それは自己の分身を軸とする換喩的世界から、神と人の中間に位置するクリストを主題（主人公ではない）とする隠喩（metaphor）的世界への転換である。「敗北」ないし自殺を命題とする演繹的な物語構成は消え、文学上のクリストたり得なかった「私」の〈嘆き〉を通して、イエス当人をはじめ、クリストといえる偉大な文学者の一生もまた「折れた梯子」だという〈比喩〉の物語を紡いだのである。わずか一カ月余の間に書かれた二編の〈遺作〉に登場する「梯子」は、一見同質に見えるが、換喩と隠喩という別種の物語世界に描かれた異質の表象だったのだ。

三

芥川文学の〈終幕〉を告げる二編に描かれた「梯子」は、彼の文学的〈出発〉を告げる実質的な処女作『羅生門』（『帝国文学』大4・11）にも重要な表象として描かれた。文壇的に反響のない作品をあえて第一創作集の標題作とし、自身の愛着と自負を示す『羅生門』のドラマは、主人公下人が「梯子」を眼にしたことから幕を開ける。

まずは「門の上の楼へ上る、幅の広い、これも丹を塗つた梯子」が下人の眼に入る。次に彼は「足を、その梯子の一番下の段へふみかけ」、「何分かの後」「幅の広い梯子の中段に」「身をちゞめて」「上の容子を窺」う。「梯子を二三段上つてみると」、楼上では誰かが火をともしており、下人は「やつと急な梯子を、一番上の段まで這ふやうにして上りつめ」、やがて「両足に力を入れて、いきなり梯子から上へ飛び上つた」。そして、死体の髪の毛を抜いていた老婆と格闘になるが、腕力に勝る下人が老婆を押さえ込む。すると老婆は、我が身を守るために自身の正当性を主張する――自分の行為は生きるためにやむを得ぬ必要悪であり、死体の女も大目にみてくれるはずだ――、と。下人は、自分も飢え死の迫る身だと答え、老婆の着衣を剥ぎ取り、彼女をその場に手荒く蹴倒す。

梯子の口までは、僅に五歩を数へるばかりである。下人は、剥ぎとつた檜皮色の着物をわきにかゝへて、またたく間に急な梯子を夜の底へかけ下りた。

ラストは、やがて身を起こした老婆が「梯子の口まで」這って行き、「短い白髪を倒にして、門の下を覗きこ」むと「黒洞々たる夜」があるだけで、「下人は、既に、雨を冒して、京都の町へ強盗を働きに急ぎつゝあつた。」の結句でドラマは幕を閉じる。

長い梗概となったが、『羅生門』の物語が「梯子」を骨子とするのは明白だろう。門の下で感傷的な雨を眺めつつ明日からの生きる手段（盗人になるか否か）に迷っていた青年は、「梯子」を登ることで老婆の語る新たな論理に出会う。つまり、「梯子」は、下人の人生に新たな世界観を〈啓示〉する扉なのだ。「梯子」の上で披瀝された生存最優先のむきだしの欲望は、一見野性的な生存本能と見えながら、実は近代的な〈論理〉で武装したエゴの発露である。現に老婆は自己の正当性の論拠として他者（死体の女）の認証を強調したし、一方、下人はその論理を逆手にとって追いはぎに踏みきる。平安朝末期の荒廃した都に生きながら、二人は人間の醜悪な本性をめぐって、どこか西洋風の「論理の梯子」に登っているのだ。それは『或阿呆の一生』の青年が確信的に登った「西洋風の梯子」や『西方の人』でクリストの一生を譬える「折れた梯子」ともやや違って、人生の理不尽な欲望を合理化するための「論理の梯子」である。ただし、これらの「梯子」は、倫理と生存欲（羅生門）、観念と現実（或阿呆の一生）、天上と地上（西方の人）といった、対語（二項対立）的世界を架橋する機能をもつ点で共通している。

もう一例、芥川の記した「梯子」を見てみよう。随筆「僻見」[9]の冒頭「一　斎藤茂吉」に見える「梯子」である。芥川は「近代の日本の文芸」が「横に西洋を模倣しながら、竪には日本の土に根ざした独自性の表現に志してゐる」と概括し、そのなかで「近代の日本の『うらわかきかなしき力』」を歌った「斎藤茂吉に芸術上の導者を発見した」と述べる一文の一節である。

> 文芸だけを考へて見ても、近代の日本は見渡す限り、大抵近代の西洋の恩恵を蒙つてゐるやうである。或は近代の西洋の模倣を試みてゐるやうである。（中略）模倣の善悪は模倣そのものにあるのではない。理解の深浅にある筈である。よし又浅い理解にもせよ、無理解に勝ると云はなければならぬ。猿の孔雀や大蛇よりも進化の梯子の上段に悠然と腰を下ろしてゐるのは明

らかにこの事実を教へるものである。「模倣に長じた」と云ふ言葉は必ずしも我我日本人の面目に関はる形容ではない。

近代日本の文芸が「西洋の模倣」によってともかくも「進化の梯子の上段」に「腰を降ろし」た経緯は、芥川自身もそうであるだけに、相当に重い感懐だろう。たとえ〈猿まね〉と評されようと、それが近代日本の「うらわかきかなしき力」の精一杯の努力の成果である以上、「進化」を導いた「梯子」の意義は軽くない。そして、「進化の梯子の上段」に登った猿が孔雀や大蛇に戻れないように、ひとたび「西洋の模倣を試み」て「進化」すれば（「西洋風の梯子」に登れば）もはや地上に〈下りる〉すべはない。その意味で「僻見」の「梯子」は『或阿呆の一生』の「梯子」に直結している。「二十歳の彼」もまた「西洋の模倣」を通じて「進化の梯子の上段」に達することを信じた青年の一人だった。

四

西欧精神の核となる〈知〉を「梯子」に見立てる比喩は、芥川の独創ではない。たとえば、高橋康也に「梯子幻想」[10]と題する一文がある。S.ベケットの小説「ワット」に描かれた「梯子」をめぐるエッセイだが、高橋氏はその淵源を「デカルトが登りつめた『論理の梯子』」にまで遡及し、以下のように述べる。

ベケットの梯子・階段コンプレックスは、彼固有のものというより、もっと普遍的な集合意識に根ざすものではないだろうか。マウトナー[11]やヴィトゲンシュタイン[12]のごとき、象徴的言語をことさら警戒するはずの哲学者までがこの隠喩を用いるのは、それが一種の原型的イメージであるからではないか。少なくとも西欧的精神にとって、それはほとんど骨がらみのイメージのように思われる。

氏によれば、西欧的精神の原型的イメージとしての近代的な「梯子（階段）」は、デカルト[13]からヘーゲル[14]を通じ、キェルケゴールの次の一文に流れ込む。

彼の楽しみは単純な考えから出発すること、そして、そこからより高い考えに向かって一段一段、論理的推論の道筋を登ってゆくことにあった。推論こそ彼の『天国の階段《スカラ・パラデイシ》』を成していたのであり、この階段を登る喜びは、彼にとってヤコブの天使たちの階段よりも素晴らしいものであった。

（『ヨハネス・クリマスク』）

「ヤコブの天使たちの階段」とはむろん「創世記」の「梯」をさすが、それは聖書を介して芥川にもなじみの「梯子」である。氏はキェルケゴールの「近代的な『梯子』」の元祖をデカルトの『精神指導の法則』第五法則[15]に見出し、その「演繹的梯子の基点」がアウグスティヌスの『神の国』[16]の一節にあるとする。そして、デカルトと『神の国』の「論理の梯子」の違いは、アウグスティヌスのそれが「『神の国』に到達すべく掛けられた梯子」であって、「論理の梯子」の前提には「信仰の梯子」があり、その典型はキェルケゴールのペンネームの由来となった「中世の禁欲僧ヨハネス・クリマスク」の著書『天国の梯子』[17]にも見られるとし、次のように結論づける。

知性と霊性を対立的に捉えること自体が近代の呪いであって、知的努力が霊的修練へとめでたく吸収されることこそ、中世の、あるいはあらゆる時代の、宗教的精神の理想であるはずだ。「彼夢見て、梯子の地に立ちゐて、その頂きの天に到れるを見、また神の使者の其にのぼりくだりするを見たり」（『創世記』二八・一二）と書かれているヤコブの幻視の梯子は、そのような神秘的梯子の原イメージとも呼ぶべきものであろう（以下略）

つまり、芥川の『西方の人』の「梯子」の典拠でもあるヤコブの夢の「梯」は、近代まで続く西欧的精神の「原イメージ」である「梯子（階段）」の源流なのだ。その原流に発する西欧的知性は、やがて宗教性を稀釈した「論理の梯子」として近代を導き、現代まで連綿と続いている。芥川の随筆「僻見」や『或阿呆の一生』における「西洋風の梯子」は、そうした西欧的知性の「論理の梯子」の投影といえる。一方、『西方の人』の折れた「梯子」は、「論理の梯子」以前のヤコブの「梯」に直結する隠喩である。芥川はそうした二重のレベルで西欧精神の知を象徴する「梯子」を感受していたのである。

五

高橋氏は多様な「梯子」の中でもとくに詩人W.B.イエイツの例を大きく採り上げる。イエイツといえば、芥川が若くして親しんだ詩人の一人で、一高三年時（大2）に山宮允に伴われて参加した愛蘭土文学研究会で関心を深め、原書『Secret Rose』（一八九七）を購入、「新思潮」（第三次、大3・4）には翻訳「ケルトの薄明」を発表した。大正二、三年には親友の山本喜誉司や恒藤恭宛て書簡でもイエイツに言及している。イエイツには『螺旋階段』（一九三三）と題する代表的詩集もあるように、「螺旋階段」「わが祖先のきざはし」「古びた急な階段」といった「梯子」に類する表象が少なくない。クリストを詩人の一人に見立て、その情熱に「詩的正義」を見た『西方の人』の作者が、かつて自身の愛読した〈詩人〉の詞章から「折れた梯子」を着想した可能性はないものか。

イエイツに限らず、西欧的知性の原イメージである「梯子（階段）」の表象は、これまで見てきた例にとどまらない。高橋氏の「梯子幻想」とは別に、『西方の人』でクリストとされた文学者たちの著作にも「梯子」は登場する。その例を駆け足で見ておこう。

まず、ニーチェの『ツアラトゥストラ』[18]である。ニーチェは『西方の人』の「2」「31」「続9」

に登場するクリストの一人で、冒頭の章題「この人を見よ」（1）もニーチェの書名に因み[19]、続く「2」では聖書中の人物以外で最初に名のあがる重要人物だ。『ツアラトゥストラ』第二部「毒ぐも」には次の一節がある。

生そのものが、柱を立て、階段をつくって、高みを目ざして、おのれを打ち建ててゆこうとする。（中略）／そして、生は高みを必要とするゆえに、階段を必要とし、またもろもろの階段、そしてそれを登り行く者たちの、矛盾を必要とする。

このほかにも、第一部「山上の木」には「階段」が見え、第三部「重さの霊」には「縄梯子」や「認識の高いマスト」のほか「ここ（真理）まで至りついたのは、かぎられたただ一本の梯子をよじのぼって来たのではない」という一節も見られる。さらに第四部の「魔術師」には「去れ、去れ。その梯子は何のために？／入り込もうとするのか、おまえは、／心のなかへ。／下りようとするのか、わたしのもっとも秘密な／思いのなかへ。」との一節もあり、同じく第四部の「挨拶」には「あなたがたは橋にすぎない。より高い者たちが、あなたがたを渡ってかなたへ進んで行かんことを！あなたがたのもつ意味は階段だ。だからあなたがたは、あなたがたを踏み越えておのれの高みを登って行く者に怒りの思いをもってはいけない。」などの表現が見られる。

次に、ゲエテの『ファウスト』[20]である。ゲエテの名は、問題の章「36　クリストの一生」で四度も言及され、ほかにも「続14」「続16」や最終章「続21」にも引かれる重要なクリストの一人である。『ファウスト』自体の名も「続14」に見えるが、その第二部第二幕の門生の台詞に次の一節がある。

なんと云ふ音だ。それに響くこと。／梯子段がぐらついて、壁がぶる〳〵する。その上／あの色硝子の震へてゐる窓から、稲妻の／ぴか〳〵するのが見えてゐる。

また、第一部「夜」（四五〇）には「天上の／諸々の力が降っては又昇る。／その總てが、祝福の香を送る翼を振って、／天から下界へ通って来て／階調をなして萬有のうちに鳴り渡る。」とあり、問題の「天上から地上へ昇る」のフレーズとの類縁を感じさせる。

最後に、ダンテの『神曲』(21)だが、彼の名は「20」だけに登場するが、『文芸的な、余りに文芸的な』「二十一　正宗白鳥氏の『ダンテ』」（『改造』昭2・5）では大い語られる。『神曲』「天上界」篇「第二十一曲」に次の一節が見える。

又一本の梯《はしご》がそゝり立つて、太陽に照された黄金のやうに色彩られて居た。その梯が、あまり高く、聳え立つて居るので、その頂が見えない。それから澤山の光が、この梯から降りてくるのであつた。そこで天國の光といふ光は、皆んな其處に輝くことだと私は思つた。夜の明方に、白い嘴を有つた鴉が、羽毛を乾かさうとして身を動かし、或は野に急いで行き、或は自分の塒《ねぐら》に飛んで帰り、或は空に止つて、自分の宿のあたり廻るやうに、光はいつの間にか梯を降りて居た。そして雨にぬれた翼のやうに浮んで、光を閃して居た。

『神曲』にはこのほかにも「階段」や「梯」が頻出するが、「浄罪界」篇「第九曲」に特に多いことを付け加えておこう。

最後に

以上、『西方の人』に登場する文学者の「梯子」（階段）を一瞥してきたが、この三編はむろん芥川が熟読した作品で、西欧精神の知を代表する根幹的な文学である。しかもその「梯子」は、いずれも天上と地上の対語的世界を架橋（往還＝昇降）するイメージを内包し、ヤコブの夢の「梯」に「神の使者」が「のぼりくだりする」光景を連想させ、ひいては『西方の人』の「天上から地上へ」の往復運動を思わせる。『西方の人』の「梯子」がヤコブの夢の「梯」を直接的な典拠とするのは確かだが、芥川の「梯子」全般のイメージは、聖書的な宗教性だけでなく、そこから派生して「論理の梯子」を登った多くの西欧文学の「梯子」をも反映している。ただ、そうしたヤコブの「梯」や「論理の梯子」に深く影響されつつも、芥川が最後に描いたのは、イエスも含め、多彩なクリストたちの一生が「天上から地上へ登る」ために無残にも「折れた梯子」だという比喩であった。つまり、「天上」の高みをめざすキリスト教や西欧近代文学の「梯子」は、「天上へ登る」には有効でも、「地上へ登る」には無力でしかなかった、と。「天上」をめざす「クリスト」たちとは、実は「地上」の「炉辺の幸福」や「塒《ねぐら》」から追放された哀しい宿命を背負う天才の異名だった。

注

（1）『国文学研究』二四号、早稲田大学、一九六一年九月

（2）『日本の近代文学』読売新聞社、一九六四年一一月

（3）『國文學』学燈社、一九六六年一二月

（4）『日本近代文学大系38　芥川龍之介集』角川書店、一九七〇年二月

（5）『芥川龍之介「西方の人」新論――特に比較文学的に――』『ノートルダム清心女子大学紀要』一九七七年三月

（6）・（8）『国語と国文学』東京大学、一九七〇年二月

（7）『國文學』学燈社、一九八一年五月

（9）『女性改造』改造社、一九二四年三月～九月

（10）『ウロボロス　文学的想像力の系譜』晶文社、一九八〇年一一月

（11）高橋氏の引用では『言語批判要綱』の一節（六・五四・〔一一〕）に「言語批判の階段を登ってゆこうと

思う者は、自分背後の、自分の前の、また自分の内部の言語を、一歩一歩破壊しなければならない。梯子を登りながら、踏段を一つ一つ破壊してゆかなければならないのだ」とある。

（12）「論理哲学論考」の一節に「六・五四　私の命題は、私を理解する人が（中略）最後にそれが無意義であると認識することによって、解明の役割を果たすのである。（彼は梯子をのり越えてしまった後には、それをいわば投げ棄てねばならない。）」（奥雅博訳『ウィトゲンシュタイン全集　1』大修館、一九七〇年五月）とある。

（13）・（15）『精神指導の法則』第五法則（野田又夫訳『精神指導の規則』岩波文庫、一九五〇年九月）に「多くの人は、（中略）屡々《しばしば》全く無秩序にきはめて困難な問題を吟味するので、彼等の為すところは建物の最低部から頂きに登るに当りそのために設けられた階段（高橋訳では「梯子」）を或は蔑ろにし或は気付かないで唯ひととびで達しようと努める、に同じいと私には思はれる。」とある。

（14）「精神現象学序論」（山本信訳『世界の名著35　ヘーゲル』中央公論社、一九六七年三月）には「精神はかつて実体的な生活を、思想のエレメントにおいていとなっていた。それは直接的な信仰の段階であり、（中略）しかし精神はこの段階を超え出るにいたった。」の一節が見られる。

（16）高橋氏によれば、デカルトの〝Cogito, ergo sum〟（我思う、ゆえに我あり）は『神の国』第十一章第二十六節の〝Fallor, ergo sum〟（私は欺かれている、ゆえに私は存在する）を踏まえたものという。

（17）筆者未見。

（18）手塚富雄訳『ツアラトウストラ』中公文庫、一九七〇年五月

（19）ただし、ニーチェの『この人を見よ』（一九〇八）自体、ヨハネ伝第十九章五の「見よ、この人なり」によると思われる。
（20）森鷗外訳『ファウスト』（『鷗外全集　第12巻』岩波書店、一九七二年一〇月）に拠る。
（21）梁瀬富次郎ほか訳『神曲』第一八版（三星出版部、一九二三年四月）に拠る。

【付記】

小文は近畿大学学内文芸誌『近代風土』21号（昭59・9）掲載の拙稿を全面的に改稿したものだが、一部重なる部分もある。

山根道公

遠藤周作と佐藤泰正

――闘う作家とその伴走者

はじめに

遠藤周作は〈闘う作家〉であった。その真実を私の心に深く刻んでくれた二人の師が、近年相次ぎ人生を完了した。その一人は、二〇一四年三月に八五歳で帰天された井上洋治神父、そしてもう一人は、二〇一五年一一月に帰天された佐藤泰正氏だ。私は、信仰における師である井上神父と、文学研究における師である佐藤泰正氏とに出会えたおかげで今の自分があると感じているのだが、その二人が〈闘う遠藤〉について語り、その戦友であったことの意味を改めて噛みしめている。井上神父がいかに遠藤の戦友であったかについて、以前に佐藤氏にお声かけいただいたときに、「梅光学院大学公開講座」で話し、その内容を論集『遠藤周作を読む』[1]において「遠藤周作と井上洋治―背中合わせの戦友」と題して詳しく論じた。今回は佐藤泰正氏の生涯を振り返り、佐藤氏がいかに〈闘う遠藤〉の理解者であり、それを論じる批評家であったかについて、佐藤氏への追悼の想いを込めて語りたい。

佐藤泰正氏の信仰告白

佐藤泰正氏は、遠藤周作より六歳上で一九一七年に山口県で生まれ、一六歳の時に早稲田大学に入学するために上京した。その大学時代に、ドストエフスキーの作品に出会い、その文学における独自の宗教的な愛の問題に魅かれ、〈キリスト教と文学〉というテーマに目覚める。そこから、日本の近代文学の作家たちはキリスト教とどのように関わったのかを追っていくなかで、なぜ日本の多くの作家は、日本人である自分がキリスト教に入る時の内面的苦悩や葛藤が少ないのかについて、問題意識をもつようになる。こうして佐藤氏は、遠藤と同様に、日本的風土のなかで日本人とキリスト教の問題が自らの大きなテーマになっていくことを自覚して研究を進めることとなる。そして日本におけるキリスト教文学研究の先頭に立って歩みながら、教育者として後進を育てる働きにも力を尽くされ、最後まで現役の大学院客員教授として大学院生を指導されていた。死の四日前に迎えた九八歳の誕生日には元気な姿で、次の年の講座の計画など話しておられたと、その場にいた知人は話してくれた。さらに、そこでの佐藤氏の話題のなかには私の名も挙がっていたと知らされ、また佐藤氏からあのいつものきびきびしたお元気なお声で電話がかかってくるのを楽しみにしていたが、かかってきたのは知人からの氏の訃報であった。佐藤氏は、大学院の授業を終えて自宅に戻って横になり、そのまま永遠の眠りに就かれたという。

私は追悼礼拝に出席し、佐藤氏の次の言葉に出会ったとき、批評家佐藤泰正氏の言葉が私たちの魂を揺さぶる秘密に触れ得た思いがした。

〝私のことは神さまにおあずけします。そうして私は人々のために生きます。〟たしかシモーヌ・ヴェイユの言葉だと思います。同時に私のひそやかな信仰告白でもあります。

佐藤氏は、この信仰告白をまさに生き抜いた。そして、その生の在り方において、キリスト者として、教育者、研究者、批評家といった立場での違いはなかったろう。研究・批評においてもこの信仰告白は実践されたのではなかったか。すなわち、「人々のために生きます」という「人々」のなかに、漱石や賢治、芥川や遠藤など文学者一人一人も入っていたといえるのではなかろうか。佐藤氏は、自分のことは神に預け、無私となることで作品の言葉の背後にある作家の魂に寄り添い、そのひそかな声に聴き入ろうとされたのではなかったか。その姿勢は、作家のために生き、その魂の声を伝えると同時に、そうして生み出された批評の言葉によって、私たちが矛盾にみちた重い孤独な人生を生きぬく力の何たるかを、まさに〈文学の力〉として語ってくれるものであった。

最初の遠藤論「遠藤周作の『堀辰雄論』をめぐって」

佐藤氏が一九六三年に批評家として最初に近代文学を論じたものをまとめて刊行した画期的な仕事である著書『近代日本文学とキリスト教・試論[2]』では、最初の「宗教と文学とにおけるひとつの問題」と題した芥川龍之介論のなかで、「西方の人」の「天上から地上へ登る」の一句をめぐる自説が展開されている。それは、この「屈折した一語に裡にこそ、文学と宗教が真実にかかわり、交わることが出来る一点が示されている」ことを理解せず、単なる誤記として無視する論者がいる状況に対して、その一句にこそ「作者が全存在を賭け、その裡にすべてを刻みこんだ「文体」の問題」があることを論じたものであり、その論に際して、自らの批評の精神を次のように語っている。

文学が、人間という矛盾を、矛盾のままに認識し、追求する方法であるならば、批評はその素材や趣向をなぞり、問題を抽出することに終わってはなるまい。その文体そのものに自らを沈め、その裡に参入することによって、問題はその全的な重みをもってすくいとらねばなるまい。断罪でなく、その可能性をすくいとり、包むものであらねばなるまい。

このように、佐藤氏が無私となって作品の文体に自らを沈めることで作者の魂の声をそこからすくいとる批評の精神は、先の信仰告白ともつながり、批評家としての生涯を貫く姿勢ではなかっただろうか。そしてそれは、おのずと作者の魂の声を無視する評家たちに対して、作者の魂の声をすくいとって〈闘う批評家〉であり続けたということであったろう。

そこで注目されるのは、この著書の中で六三頁という最も頁数を割いている論「遠藤周作の「堀辰雄論」をめぐって」である。この「堀辰雄論」は批評家として出発した遠藤の原点といえる作品であるが、佐藤氏は、遠藤がこの論で堀辰雄という詩人を俎上にのせて日本の風土における汎神性を一気に糾問している性急な姿勢について批判し、そのうえで、当時の遠藤の最新作『火山』(一九六〇年)や『おバカさん』(一九五九年)にまで言及する。そして「遠藤の抱く主題の困難さは、その道の孤独さを、長い忍耐を強いるであろう」とキリスト者としての作家遠藤の孤独を理解し、次のように遠藤文学の進むべき方向を正確に示唆している。

氏が『堀辰雄論』に示した如く、汎神的風土より一神的世界への上昇という筋道によって自立することは出来まい。ただ、氏の言う汎神的そのものの、その自己の根っこにむかって「下降的にむかう」ことによってのみ――真の「作品」への実りが約束されるであろう。

この言葉通り、遠藤はその直後の死と向き合う大病を契機に、そこから復帰後は初めて自己の根に向かって深く下り､そこで見事に結実した真の「作品」すなわち『沈黙』を完成させるのである。

こうして、佐藤氏は、キリスト者として闘う作家遠藤周作の伴走者となっていった。そして遠藤が帰天した時には、『新潮』の遠藤周作追悼特集に追悼エッセイ(3)を寄せている。その冒頭で、遠藤が先の佐藤氏の論について、「こっぴどく、やっつけられているが、本人の私は、かえって興味と爽快感をもって読んだ」と新聞のコラムで述べ、その論の収録された本を強く推薦してくれたことを伝えている。さらに、佐藤氏はその追悼エッセイで、このことがきっかけとなり、二人の付き合いが始まったこと、そして作家遠藤の率直さにいたく感銘したことを語っている。

キリスト教作家の孤独な闘いとその伴走者

また、佐藤氏は、遠藤が『沈黙』執筆中の一九六四年の秋に、遠藤と初めて会って夕暮れの東京の街を歩いたときの思い出について、「このような晩秋のひと時、向うの小説を読むと葡萄畑に夕陽があたって、その描写を通してフランス人たちは神の存在を知る。日本はそういう風土じゃないな。そういう風土の中で我々は戦って行かなければいけないんだから、お互いにしんどいことだなと、しみじみと言われたことを想い出す」と述べている。(4) この遠藤の言葉からも、遠藤が佐藤氏を自分の理解者であり、戦友であるという信頼感をいかに持っていたかがうかがえよう。そして先の追悼エッセイで、佐藤氏がそうした作家遠藤への思いを次のように語っている言葉は看過できまい。

研究者や批評家というものは同時代の作家に対しては、よき伴走者でありたいものだと思うが、遠藤さんに対しては、また格別この思いは深い。あえていえば、この風土におけるキリスト教作家としての孤独な闘いというものが、身に沁みてわかるからだ。

遠藤が日本の風土のなかでキリスト教を背負う作家として出発し、最後までそれを脱ぎ捨てることなく背負い続けて作家活動を続けることがいかに「孤独な闘い」を強いられるものであったか、理解していた批評家や研究者がどれほどいたであろうか。そうしたなかで、作家遠藤周作にとって、自らの「孤独な闘い」が身に沁みてわかってくれる批評家佐藤泰正という「よき伴走者」の存在は、日本人キリスト教作家としての長く困難な道を歩むなかで、どんなに大きな励みであったことだろうか。

そうした佐藤氏が聞き手となることで、遠藤が自らの文学の本質とその背景にある生涯と信仰の問題を率直に赤裸々に語った対談が行われ、『人生の同伴者』と題されて『深い河』執筆中の一九九一年に刊行される。佐藤氏は、先の追悼エッセイでこの対談を振り返って、「遠藤さんの嘆声はくり返し聞かれる。とりわけ最も遠藤的テーマともいうべき『死海のほとり』を出した時、文壇の反応がひややかに感じられたことはかなりのショックで、以後しばらく小説から離れることになった」(5)と、日本の風土でキリスト教的テーマに挑戦する作家遠藤の困難さを語っている。

『人生の同伴者』の追加対談のはじまり

遠藤周作没後十年の年、佐藤氏から電話が突然あった。いつも氏からの依頼は電話で突然くる。それは、春秋社、新潮文庫と刊行されてきた対談『人生の同伴者』は絶版になっているが、遠藤さんを理解するうえで欠かせない重要な本なので、『深い河』の前で終わっている対談の続きを追加して遠藤さんの文学的生涯の全体像を語る本として完結させたい。そうした『人生の同伴者』の決定版を講談社文芸文庫より出す企画が持ち上がっているので、その対談相手になってほしいという依頼だった。それは、ある意味で亡き遠藤氏の代理のような立場で対談相手になることであり、大変な重責にも思われたが、何といっても佐藤氏と遠藤文学をめぐって語り合えるのは、かけがえのない機会であったので、喜んでお引き受けした。対談は三時間に及び、しかも公開で行われ、緊張感の伴うものであったが、佐藤氏の言葉は、私にとっても闘う作家遠藤周作の全体像について新たに気づかせてくれる大変刺激的なものであった。刊行された講談社文芸文庫では、その追加された対談部分は、「解説にかえて―制度化された宗教を超えて」と題された三四頁に及ぶ対談となって末尾に付加された。佐藤氏がその追加対談の最初から最後まで強く訴えていたのは、遠藤周作という作家の本質が処女小説といえる「フォンスの井戸」から最後の純文学長篇『深い河』まで一貫して〈闘う作家〉としての姿勢に貫かれているという点であった。

その対談ではまず佐藤氏は、文学研究について「ひとつひとつの生きた作品がわれわれの心の中にどう響いてくるかという、作家の魂の声を聞くことが、最後に問われる」と述べ、「ある意味では日本でキリスト教作家であることは孤独な闘いを強いられますが、それを批評することは、その作家の伴走者、マラソンであれば一緒に走りながら応援する伴走者でありたい」と、十年前の追悼エッセイの言葉に「マラソンであれば…」という言葉が加わっていた。ここには、佐藤氏にとって、遠藤の生涯をかけての長い孤独な闘いの道のりを共に走ってきたのだという感慨とともに、現在に至るまで残された作品を再読しながらそこに作家の魂の声をすくいとる長い歩みを続けているのだという思いも込められているように私には思われた。

さらに、佐藤氏はその追加対談の最初に私についても「山根さんは…遠藤さんの伴走者でありますと紹介いただいた。実際に私が遠藤氏の生前にその文学的生涯における孤独な歩みの伴走を少しでもできたと思えるのは、最晩年の『深い河』(一九九三年)をめぐってである。私は当時、井上洋治神父がキリスト教の日本における文化内開花をめざして創設した「風の家」の機関誌「風《プネウマ》」に、『沈黙』論を連載していた。それは、遠藤の『沈黙』が批評家や研究者のなかであまりに誤解されていることに気づき、丁寧に読まれていないロドリゴの踏絵後を描いた九章と「切支丹屋敷役人日記」を中心に論じたものであった。その連載を書き終えた頃、遠藤周作の七年振りの書下ろし長篇『深い河』が刊行された。新聞や文芸誌などの書評を読んでいると、遠藤周作はキリスト教をやめて汎神論になったのかといったような誤解された批評まで見られた。私は、遠藤氏の健康状態がよくないことを井上神父からうかがっていたので、『深い河』を一気に読み終えた時、これは遠藤氏が遺言のような思いで書いた作品であるにちがいないと思え、作中人物一人一人に込められたテーマをできるかぎり丁寧に読み解き、そこから作者の魂の声を聞きとることをめざして、「『深い河』を読む」と題した連載を機関誌「風《プネウマ》」に発表した。すると、それを読んだ遠藤氏から、「実に丁寧に解読してくださいまして私としても嬉しく内容にも感心しております。書きがいがありました」との葉書が届き、未熟な内容にもかかわらず、若輩の私を最大限に励ましてくださる氏の優しさが身に沁みてありがたかった。続いてそこには「我々世代の人生を完了するのも、そう遠くありません。あなたたちが是非今度は頑張ってください」とあり、心締め付けられる思いがした。

さらに、『深い河』が刊行の翌々年の遠藤氏の亡くなる前年に熊井啓監督によって映画化された時、その試写会の後で、遠藤氏から電話をいただき、原作と映画をめぐってひとしきり話し合った後、最後に声の調子を暗くして、「日本映画でこれほど日本人とキリスト教のテーマが前面に出ている作品は珍しいだろう。でも、日本ではほとんど問題にされんだろう。残念だが、さびしいね。井上神父もこうしたさびしさをずっと味わってきてるんだよ」と嘆声を漏らされた。私は返す言葉に詰まってしまった。遠藤氏が全存在を賭け、その裡にすべてを刻みこんだ遺書のような作品の投げかける問題があまり理解されず、黙殺されているような孤独感を味わっていることを知らされ、改めて私たち若い世代がしっかりとその問題を受け取っていきたいと痛切に思われた。

そのように、ささやかだが遠藤氏の伴走者となることができた貴重な体験を、私は『人生の同伴者』の追加対談で佐藤氏が私を伴走者と紹介してくれた言葉から思い起こし、対談の中で佐藤氏に伝えた。

『人生の同伴者』の追加対談――〈闘う作家〉の出発から『深い河』まで

佐藤氏はその追加対談で、次に、作家遠藤周作の出発点として留学中の作品である「フォンスの井戸」とそれを長篇化した『青い小さな葡萄』を取り上げ、主人公が、「自分が書くことによって、〈フォンスの井戸〉に象徴されている人間の悪、闇を超えていく世界を創っていくほかはないと言うわけです。…ペン一本でこの世界の闇と闘うと言っているわけです」と語った。このように遠藤の作家としての原点にすでに〈闘う作家〉の姿勢のあったことに佐藤氏が注目されたのは、私にとって新鮮で刺激的な指摘であった。

確かに留学中の遠藤の日記を見ると、『群像』に載った自分の原稿（「恋愛とフランスの大学生」）を「吹けばとぶ」ものと不満に感じ、「何のために書くのか。それは、いかなる時間を経ても動かないカテドラル（伽藍）を作るためではないか。／シャルトルのカテドラルを考えよ。あの如き作品こそ、本当に作品といえるのだ」（一九五一年二月二十六日）と記している。遠藤にとって「シャルトルのカテドラル」とは、「この何百年の星霜とともに無数の人間の祈りと永遠との憧れがこめられた伽らん」であり、「空間の中に人間の存在的感性を造型化」（一九五〇年八月五日）した作品であった。

すなわち、この留学中に書くことが人間の存在的渇望といえる祈りや永遠への憧れを造型化し、人間の悪や闇と闘い、それを超えていく世界を創ることであるという独自な作家としての使命を自覚したと考えられる。それが、『青い小さな葡萄』では、作家をめざす日本人青年の、「ハンツには逃れていく教会がある。が教会のない俺は創るしかない」という言葉で表現されている。

続いてその対談で佐藤氏は、〈闘う作家〉という視点から『沈黙』を取り上げ、遠藤さんは、生ぬるい、母なる神を言うような、甘い、センチメンタルな作家と誤解されているが、本当は、大江健三郎が〈ヒロシマ以後〉なら、遠藤さんのテーマは〈アウシュビッツ以後〉で、権力的なものが弱者を虐げ排除する世界に、どこまでも弱者に寄り添うことで立ち向かう姿勢は、甘いものではなく〈闘う作家〉そのものだ、と語る。そして、『沈黙』には、教義や教えを盾に弱者を裏切り者として抹殺した、制度としての教会へのプロテストがあり、教会から干される危険を覚悟であえてそれを書くところに、〈闘う作家〉の姿勢がある、と強調したのだった。

そしてその対談の最後に佐藤氏は『深い河』を取り上げ、制度化された宗教が、内に向かって結束し、他者を排斥することで、宗教が一人一人を解放するどころか、逆に縛り、対立を引き起こしている現実に対して、宗教は徹底して開かれるべきだという大きな問いかけをしていると語り、次のように結んだ。

闘う作家・遠藤さんは、ペン一本で、人間の闇や、権力や制度が生み出す闇と徹底に闘い、それを作家の使命とされていた。そして、最後の『深い河』では、宗教を徹底的に開くために闘われた。それは宗教対立の続く現代においては最も重要な課題であり、遠藤さんの強いラディカルな姿勢が、長い作家活動の集約というべきこの『深い河』にははっきり出ていると言えます。

佐藤氏は、遠藤が『深い河』を書くことで闘ったのは、「宗教を徹底的に開くため」だったと訴えている。この宗教を開く、開かれた宗教というテーマを、日本キリスト教文学会の全国大会の講演会で九三歳の佐藤氏が熱く語られた時の元気な姿が私の心に焼き付いている。佐藤氏は、このテーマは年来自分が目指してきた課題であると言い、「〈ひらかれた宗教〉の可能性とは、まさに今も残るこの教義と教団、教派という制度や組織がおのずからに生み出す権威、権力の強制、圧迫という矛盾を、いかにとり払っていくかという一点にあろう」と述べ、夏目漱石、宮沢賢治、そして遠藤周作を語った。(6)

こうした遠藤の文学に込められた、宗教を開くための闘いの中からの懸命な問いかけを、真摯に受け取ることの少ない日本の宗教的状況に、遠藤は孤独感を抱いていたのではなかったろうか。日本では、遠藤文学はそうした作者が全存在を賭けて問いかけ、闘っている文学なんだということが余りに理解されていない現実があることを誰よりも理解し心痛めていたのが佐藤氏であった故に、遠藤の帰天後、佐藤氏は懸命にそれを訴え闘っておられたのであろう。そうしたなかで、〈闘う作家〉遠藤を理解し、評価していたのは、むしろ海外だったろう。

アメリカのカトリック系の大学、一九八五年にサンタ・クララ大学、八七年にジョージタウン大学が相次いで遠藤に名誉博士号を授与したが、その理由として『遠藤周作とShusaku Endo』[7]の中では、「遠藤自身は自分は神学者ではなくて作家であると言い張るだろうが、庶民への関心が基盤にある彼の作品は、遠藤の描く女性的な苦しむイエス像が、西洋の男性的で勝利の栄光に輝く神という見方に挑戦を突きつけることで、カトリックに計り知れない貢献をしている」という点が挙げられていた。ここには、カトリック作家遠藤の文学が欧米において既存の硬直化した神観に闘い挑むものであることを理解し、その点を評価していることがうかがえよう。

スコセッシの映画『沈黙——サイレンス——』をめぐって

二〇一六年は、遠藤周作没後二十年と共に『沈黙』刊行五十年が注目され、記念事業が長崎市遠藤周作文学館を中心に行われた。遠藤周作学会もそれに共催し、八月一九日には『沈黙』をめぐるリレー講演と国際シンポジウム「『沈黙』は世界でどう読まれたか」を、海外の遠藤文学の翻訳を行っている研究者らと共に開催した。また、八月二〇日には長崎市主催で「遠藤周作とわたし、そして長崎」をテーマに「記念国際シンポジウム」が開催された。その両日、米国での遠藤文学研究の第一人者で遠藤作品の翻訳家でもあるヴァン・ゲッセル氏も参加されたが、氏は、マーティン・スコセッシ監督の『沈黙』の映画化にあたり、文学コンサルタントを務め、スコセッシ監督側とのやり取りで、監督が日本語原作の文学的ヴィジョンを忠実に描こうとする強い意志があることがわかったので、映画には大きな期待がもてると話された。

実際にスコセッシ監督の「沈黙─サイレンス─」が米国で公開されたのは、佐藤氏の没後一年を経た一二月、日本ではさらにその翌年一月だった。佐藤氏がこの映画を観たら、どのような感想を持たれたか、ぜひうかがってみたかったが、きっと喜ばれたのではなかろうか。というのも、原作の末尾にある切支丹屋敷役人日記の最後まで見事に映像化されていたことで、〈闘う作家〉遠藤が『沈黙』に込めたテーマといえる、権力的なものが弱者を虐げ排除する世界の暴力性を顕わにするとともに、外からは見えない神と繋がる弱者の垂直な魂のドラマが鮮明に描かれていたからだ。そこには、宗教や社会が不寛容に向かい対立する現代において宗教を徹底的に開き、権力や制度が生み出す闇から人間一人一人が解放される世界を求めての切実な問いかけがなされていたといえる。スコセッシ監督自身、「それはまさに私が追い続けていたテーマの最重要部分だったのです。本を読み終えて、これは自分が映画化しなければと思いました。……多くの困難がありながら、この映画を完成させたのはいくつか理由があります。それは今この時代の、この世界においてこそ、作らねばならなかったということです。特に、人々の信仰のあり方が大きく変わり、それを疑うようになり、宗教的な組織や施設にも、おそらく懐疑の目が向けられている、今の世界だからです」(8)と、現代において『沈黙』の映画化を完成させた意義を語っている。

漱石と遠藤のつながり

ところで、『沈黙』刊行五十年という記念の年は、先の国際シンポジウムにはじまり、NHKや民放のTVで『沈黙』特集番組が放映されるなど、様々に注目され、私もそれらと関わって大変慌ただしくも充実した年であった。また、新潮文庫の『沈黙』の発行部数も、映画公開を前に二百万部を超えたと発表があった。このように一つの作品の刊行からの節目の年が特別に注目されることが他にもあったろうかと改めて思うと、近年で思い起こされるのは二〇一四年の「夏目漱石『こころ』百年」だ。この漱石と遠藤がつながることを誰よりも熱く語ってくれたのも佐藤氏であった。『人生の同伴者』における遠藤との対談でも、佐藤氏は、二人の留学体験の通じ合う点を語っているが、まとめると次のようにいえる。漱石は、一九〇〇年、英文学の研究をめざして留学するが壁にぶつかり挫折し、神経衰弱になり、向うの真似をして英文学をやっていてもだめで、自分で文学とは何かを問い詰めるほかはないということをやり始める。それが漱石の〈自己本位〉であった。遠藤は一九五〇年にフランスのカトリック文学の研究をめざして留学して壁にぶつかり、結核になって、ヨーロッパの波をかぶったキリスト教を借りてきてもだめで、日本人にとってかけがえのないキリスト教とは何かということを求めはじめる。それが、遠藤の主体的な切実な〈自己本位〉であった、と。さらに、この点について、佐藤氏は、講演「遠藤文学のうけついだもの」[9]のなかでも、漱石が英文学をめぐって、ヨーロッパ的普遍を相対化しようと闘ったのと同様に、遠藤は西欧キリスト教がキリスト教そのものだというヨーロッパ的普遍を相対化しようと闘い、両作家はそれを終生の課題としたと述べ、漱石と遠藤が共に〈闘う作家〉として共通であることを指摘している。

遠藤は、留学体験をめぐって『沈黙』執筆の直前まで連載していた『留学』のなかで、留学生には重厚で異質な西洋文化に対して、無視する者と、小器用に猿真似する者と、まともに衝突してその大河に轟沈する者とがあると語っているが、漱石も遠藤も、同じ横浜港からの船出によって西洋文化と真っ向からぶつかり轟沈した強烈な異文化体験が、東方と西方という大きな思想的テーマを背負う作家になる一つの原点となったことは確かであろう。

百年前に漱石が『行人』や『こころ』などの小説や、『私の個人主義』などの講演によって、真の個人主義は倫理性を強くともなうもので、日本人が西洋文明のうわべだけを安易に真似て、個人主義を生きるならば、それは利己主義になり、孤独な淋しい人間になると予見している。そして、そうした孤独な自我を突き詰めていけば、自殺か、精神が狂うか、宗教に入るかだと問題を投げかけていたことが改めて想起される。

遠藤も「二十世紀宗教の限界を越えて」というエッセイで、人々がますます孤独になっていく現代にあって「宗教をこれほど人々が希求する時代はないにもかかわらず、宗教が現代を支えられぬままになっているのが二十世紀の宗教である」と指摘する。その問題は二十一世紀の現代日本に生きる私たちに、より切実に迫ってきているといえるのではなかろうか。

そうしたなかで、硬直化し、対立を引き起こす宗教を徹底的に開くために闘い、西洋からの借りものでない、日本人である自分の根っこを深く掘り下げ、孤独な現代人の魂を救うキリスト教の姿を問い続けた遠藤文学は、時を超えて今を生きる私たちの切実な魂の問題に応えてくれる〈文学の力〉をもっているといえるのではなかろうか。それが、『こころ』百年と同様に、『沈黙』五十年が注目され、読み継がれていく理由であるように私には思われるのである。

おわりに

最後に佐藤氏が語ってくれた、私の記憶のなかに大切な遺品のように刻まれている言葉を紹介して、結びとしたい。

私は教会などで遠藤さんの話をするでしょう。すると「遠藤の作品は教義的におかしいでしょう。」「遠藤の信仰は、正統でないでしょう。」というような批判的な問いを牧師がしてくるので、そんな時は「あなたにとって教義的に正しいことと一人の苦しむ人間の魂の問題に寄り添うことと、どちらが大切なんですか。」と問い返したら、沈黙してしまう。遠藤さんが全存在を賭けて闘っていることが全くわかっていないんだ。

佐藤泰正氏もまた遠藤周作と共に最期まで闘い続けた批評家であった。

注

（1）『遠藤周作を読む』梅光学院大学公開講座論集52、佐藤泰正編、笠間書院、二〇〇四年。

（2）『近代日本文学とキリスト教・試論』基督教学徒兄弟団、一九六三年。

（3）「遠藤周作―グローバルな時代に向かって」『新潮』遠藤周作追悼特集、一九九六年一二月。

（4）「闘う作家遠藤周作をめぐって」『遠藤周作研究』第五号、二〇一二年九月。

（5）（3）に同じ。

（6）「キリスト教文学の可能性―ひらかれた文学と宗教を求めて」『文学の力とは何か』翰林書房、二〇一五年。

（7）『遠藤周作とShusaku Endo』アメリカ「沈黙と声」遠藤文学研究学会報告、春秋社、一九九四年。

（8）「マーティン・スコセッシ　インタビュー」『沈黙―サイレンス―』パンフレット、東宝映像事業部、二〇一七年一月。

（9）「遠藤文学のうけついだもの　漱石、芥川、堀、遠藤という系脈をめぐって」『遠藤周作をよむ』梅光学院大学公開講座論集52、笠間書院、二〇〇四年。

私たちの『オセロ』を探して

――シェイクスピア・カンパニーの冒険――

下館和巳

0

「是非書いてください。原稿用紙五枚でもいいんです」。これは、二〇〇八年一月二五日の朝にいただいた佐藤泰正先生（梅光女学院大学学長）の電話の声だ。私の「どうしても書けません。ご容赦ください」という手紙への返事だった。きっぱりとした、どんなことを語ってもそこから、確信のようなものを感じさせる声。「必ず書いていただく」という強い信念のこもった声の波動は、私の「書けない」という気を動かした。

私は、半年前、『文学　海を渡る』の原稿をお引き受けした。しかし、書けなかった。妻が三人の幼い娘を残して他界してから、私は確かに大学で教鞭を執り、劇団で演出をし、子供たちの世話を、とりわけ朝昼晩の食事の準備をしてはいたが、書けなかった。葬儀の時、小学一年生だった長女は三年生になり、保育園児だったダウン症の二女は小学一年生になり、乳飲み子だった三女は三歳になってはいたが、私が家にいると子供たちが私に磁石のようにくっついて離れないので、書くことも読むこともままならなかった。妻が生きていた時は、パイプの煙をくゆらしながら何時間も書いていることができたのに。

しかし、泰正先生の声は私を「書いてみよう」という気に向かわせた。「五枚でもいいんです」。何という口説き文句だろうか！　「五枚書ければ十枚書け、三十枚まで行けます」と思われての言葉かもしれないが、そうはおっしゃらなかったところに泰正先生がいる。泰正先生の声は、意気消沈して下を向いている私の中で、まるでワーズワースの詩の一節"Up! up!"（アップ・アップ）「立ち上がれ、立ち上がれ」、のように響いた。

そして、思い出したのが、修士論文を書いていた大学院生の時の自分だった。テーマは「『オセロ』と『心中天の網島』」。要するに、シェイクスピアと近松門左衛門のドラマツルギーの比較だったが、自分で立てたテーマの大きさに潰されそうになっていて、二年で仕上げなければならないのに、取り組み始めてからなんと五年も経っていた。アドヴァイザーのイギリス人マシューズ教授から「チェックアウトはホテルだけのものではありませんよ」と脅されつつ、学費のために朝から晩まで予備校や塾で働いていたので、論文はいつの間にか中央線の各駅停車の中で書くようになっていた。私の住んでいた東小金井から塾のあった東中野までの四十分足らずだったが、電車が走っている間に考え、停車した一瞬で書き留めるという書き方だった。

三分で考え三十秒で書くという快いリズムの記憶が蘇った。私は、まず、パイプをやめた。そして、書斎はリビングの食卓になった。食事を作りながら、子供たちと遊びながら、子供たちの学校の幾種類ものプリントを読みながら、連絡帳を書きながら書いた。食卓に座って考えて書く時間は十五分。筆が乗っても乗らなくてもそれ以上にも以下にもしないきっかり十五分。なかなかうまくいかず、悪戦苦闘の一週間が過ぎると、十五分のリズムが生まれて、気持ちがよくなった。気がつけば、三十枚を越えていた。泰正先生の笑顔が浮かんだ。

1

二〇〇八年、私の主宰するアマチュア劇団シェイクスピア・カンパニーは、二年に及ぶ『奥州幕末の破無礼《ハムレ》』（東北版ハムレット）公演を終えて、新しい作品を求めていた。しかし、脚本担当の私が書けなかったために、劇団は足踏みしていた。そして、このままだと劇団が求心力を失うことを懸念した制作部の仲間たちは、旧作『温泉旅館のお気に召すまま』の再演によって、新作登場までの時間稼ぎをはかっていた。

佐藤泰正先生の声は、私に書く意欲だけではなく『オセロ』という作品に対する私の思いまで呼び起こしてくれることになる。私は十二年ぶりに幾度も読んで擦り切れたシェイクスピアの原書、ニューケンブリッジ版『オセロ』を手に取った。オレンジ色の表紙にはシェイクスピアの顔がある。描いたのはピカソ。シンプルなスケッチだが、鮮烈な印象を与える。私は、初めてのように『オセロ』を読み始めた。

"Tush,never tell me"（タッシュ・ネヴァ・テル・ミ）

この冒頭のせりふ（一幕一場）を喋るのは、ロダリーゴ。ベニスの金持ちのお坊ちゃんだ。ロダリーゴにこう言わせているのは、イアーゴ。オセロの腹心。オセロは、軍人で最高位の大将ではあるが、リア王、ハムレット、マクベスと言った悲劇の主人公たちとは格が違う。雇われの、それも真っ黒と言うよりは茶褐色の肌のムーア人だからだ。どうやら奴隷の身だったどこの馬の骨ともしれない男だが、ベニス一の美女デズデモーナの心をつかんで駆け落ちをして女房にした。

そのことを誰よりも面白くないと思っているのが、いつもオセロのそばにいるイアーゴだ。イアーゴは、お金目当てでなんの根拠もなく、ロダリーゴにいずれデズデモーナとデートする機会をつくってあげると約束しているが、一向に約束は果たされない。この一行は、その状況で話されたせりふだ。

"Tush"とはイライラや怒りを表す時の言葉だ。舌先で上歯うら側の歯茎をたたくようにして「タッ」と言ってみると、不満を吐き出すような感覚を覚える。私は、翻訳のことも翻案のことも考えずに読もうと思っていたが、真っ先に先人の日本訳が気になった。

「ちぇっ、どうなってるんだ」

これは、私の学生時代、つまり一九七〇年代後半から九〇年にかけて一世を風靡した小田島雄志訳だが、満足しなかった。まず、木下順二の言う「ことばのエネルギー」が失せている。意味はわかるが、いわく言い難い否定的な感情が日本語に移されていない上に、リアリティがない。シェイクスピア作品の冒頭では、しばしば、作品全体を象徴するようなせりふが語られるが、このせりふには、この『オセロ』というドラマを悲劇に向かわせているイヤーゴという前代未聞の悪党の行動の動機がくっきりと映っている。さり気なく語られるけれども、強烈なインパクトがなければならない。何より、役者を動かすせりふでなければならない。

「タッシュ」は言葉というよりは音だ。それも身体音。それなら、どう訳すのか？　口の中で「タッシュ、タッシュ、タッシュ」を幾度も繰り返しながら、ふわっと出てきた言葉は、「クエッ」。鼻で笑った時に出るような音。そして、「おもせぐねえな」だった。東北の、とりわけ伊達藩領内の方言だ。「おもせ」というのは「おもしろい」ということで、その否定形。自分の立場がおとしめられたり、対等と思っていた相手が自分より優位な状態にある場合に心に湧き上がる感情を言葉にすれば「おもせぐねえな」だ。すると、私たちの脚本のせりふは

「クエッ、おもせぐねえな」

となる。

私は、長いせりふよりも短い、それも極端に短いが、文脈から考えると微妙で深いせりふにひっかかって行った。

"I hate the Moor"（アイ・ヘイトゥ・ザ・ムーア）

「ザ・ムーア」は、北アフリカの民族のことを示す。まず気になったことは、イアーゴがオセロの名前を敢えて言わずに「ムーア人」と言っていることだ。本当に嫌いな奴のことは名前さえ言いたくないもので、あの人とか西の人とか間接的な言い方をするものだが、シェイクスピアはまさにその感覚を表現している。

このせりふ（一幕三場）は、イアーゴのものだ。直球の嫌悪の言葉。「ヘイトゥ」は、現代英語の意味と同じで「憎む」。小田島訳はどうだろう？

「おれはムーアが憎い」

直訳だ。「ヘイトゥ」は果たして「憎い」なんだろうか？　読むものとしての翻訳ならばいい。しかし、せりふとなった場合、どんな名優にかかっても、翻訳劇のせりふにしか聞こえないだろう、と私は思った。それじゃあ、お前はどうするのか？　と自問してみる。だから、標準語訳のシェイクスピアから遠ざかって、東北弁のシェイクスピアのせりふを話す劇団を創ったのではないか？と自答。最大の難点は、その方言が話されていない地域の人には意味がわからない、ということだ。逆に、最大の長所は、まず方言は役者のDNAと身体に訴える力を宿していることと、方言を理解する地域の人にとっては、シェイクスピアが遠い西洋の人ではなくて、今、ここにいる観客と同じ時と場にいる人に思われることだ。だから、諸刃の刃のせりふとも言える。

脚本家も演出家も理屈は隠さなければならない。ともかく結果を出さなければならない。

「おら、ムーア好かね」

仙台弁で「好き」は「好ぎ」である。「嫌い」は「嫌い」と言わないわけではないが、むしろ「好かね」だ。この「好かね」には不思議に「好き」の否定形という枠を越えた強い否定的感情が込められている。だから、文語的な響きさえする標準語の「憎い」に匹敵する言葉は「好かね」なのだ。東北人に、「おら、あいづ好かね」と言われたら、かなり厳しい、ということだ。

『オセロ』は、密室のドラマだ。舞台は、ベニスからアドリア海を通って地中海のキプロス島と、スケールは大きい。しかし、実際の行動はベニスとキプロス島だけで、とりわけオセロがデズデモーナと島の要塞に暮らすようになると、極度に限られた空間で物語が展開していく。

オセロに入るあらゆる情報の源は、オセロが最も信頼しているイヤーゴからのもので、イヤーゴを疑うことがなければ、オセロはイヤーゴの思いのままだ。その一端は、次のシーンに顕著に現れている。イヤーゴは、デズデモーナが副官でベニス人の色男であるキャシオと浮気をしていることをほのめかして、オセロの心をざわめかせる。私は、原文を読みながら、気がつけばまるで同時通訳でもしているかのように、仙台弁を口ずさんでいた。

イアーゴ　キャシオは知ってだのすか？
オセロ　なにば？
イアーゴ　奥さんとご結婚される前の二人ば。

オセロ　んだよ。なすて？
イアーゴ　う～ん、ちょっと。
オセロ　ちょっと、って？
イアーゴ　気になって。ああ、知ってだのね。
オセロ　んだよ。いっつもふたりの間ばいったり来たりしてけったがらね。
イアーゴ　いっつも？
オセロ　それがどうがしたが？
イアーゴ　いや、たいしたごどではねえがら。
オセロ　キャシオがなにがしたってが？
イアーゴ　いや、なにも。

仙台弁にすると私にとっては実になまなましい会話に聞こえた。ただ不思議なことに、固有名詞の“Cassio”（キャシオ）だけは訛って話すことはできなかった。それはなぜだろう？　と考えた。

日本におけるシェイクスピアの翻訳の歴史は、明治十七（一八八四）年に始まった。扉を開いたのは坪内逍遥で、第一作は『ジュリアス・シーザー』だった。それから一三〇年以上が過ぎたが、シェイクスピア翻訳の歴史はまさに標準語訳の歴史であって、シェイクスピアのみならずあらゆる外国演劇の中に方言訳の歴史はない。標準日本語の中であれば、「キャシオ」という音も違和感がないが、方言の中では落ち着かないのは、その歴史のせいかもしれないとも思う。

シェイクスピアは詩人である。だから、言葉は音楽で、音とリズムは命となる。そして、もうひとつ注目しなければならない要素があって、それはイメジャリー（imagery）だ。イメジャリーは、「イメージの群れ」や「比喩表現のすべて」と言い換えてもよい。『オセロ』に多いイメジャリーは、動物、悪魔、毒。それらは、その場その場で、その言葉を聞く観客の想像力を膨らませる役割を果たしながら、積み重なっていくことで独特の効果を生み出していく。

イヤーゴの使うイメジャリーのほとんどは、下品で卑猥だ。そして、そのイメジャリーは、使った相手に対するイヤーゴの感情を表現していると同時に、イヤーゴ自身のキャラクターを創りあげている。一方、シェイクスピアがオセロに与えたイメジャリーは美しいものが多い。

オセロが登場する前、イヤーゴによって語られるオセロのイメージは、「分厚い唇の男」「真っ黒な牡羊」「アフリカ馬」と散々だ。だから、観客の心の中に創られるオセロへのイメージは非常によくない。しかし、喧嘩の仲裁に現れるオセロのせりふはこうだ。

“Keep up your bright swords,for the dew will rust them”

せりふ（一幕二場）は、簡潔で力強く詩的だ。オセロの威厳とロマンティックな側面と同時に、芝居がかった気質も表している。この一言で、イヤーゴから与えられた悪いイメージが覆されてしまう可能性もある。“Keep up”は「収める」という意味だから、要諦だけを考えれば、“Keep up your swords”と言えば十分なのに、「剣」（swords）に「輝く」（bright）を付け、剣を収めさせる理由として「剣が露（dew）で錆びて（rust）しまうから」と言っているところに、オセロの特性が凝縮されている。訳してみよう。直訳は「輝く剣を収めなさい。露で剣が錆びる」だが、「露」ではリズムが悪い。語られているのは夜。だとすれば、「夜露」がいい。するとこうだ。

「眩しい剣を収めなさい。夜露で錆びる」

“threw a pearl away”（スルー・ア・パール・アウェイ）

このせりふ（五幕二場）は、デズデモーナを自らの手で殺し、自分も命を絶つ覚悟でいるオセロのものだ。“threw”（スルー）は“throw”（スロウ）の過去形だ。二重母音の「オウ」という音は弧を描くような運動を思わせるが、長母音の「ウー」は直線の、それもあるスピードを感じさせる音だ。“away”（アウェイ）は離れていく感じだから“threw”と相俟って、遠くに飛ばされた「一粒の真珠」（“a pearl”）を思う。すると、標準語で「真珠を投げ捨ててしまった」だ。しかし、原文の語感からすれば「投げ捨てる」は説明的で長い。「投げる」と「捨てる」のふたつの意味を持つ仙台弁の「なげる」が、ここでは音に勢いがあってぴったりだと思う。

すると、私たちの訳は、

「真珠ばなげですまった」

オセロは、デズデモーナの美しさを「一粒の真珠」という言葉で言い尽くしている。私は、劇の始まり「露」のイメージが、ラストシーンの「真珠」のイメージと重なった時に、私たちの『オセロ』がここから始まると直感した。そして、翻案されるであろう『オセロ』のヒロインの名前が浮かんだ。デズデモーナの音を活かしつつ、彼女の本性である貞淑さと美と真実を込めて……「貞珠真《でずま》」。『オセロ』冒頭の"Tush"から最後の一語"relate"にたどり着いた時、季節は冬から夏に変わっていた。私がイメジャリーを追って原文を読むうちに、私たちのオセロへのイメージが、シェイクスピアによって見事に操作されていることに気がついた。

オセロのイメージは登場する前から「黒」で、登場した途端「黒」が「白」に変わる。しかし、ドラマが進行するにつれて、「白」が変色して「黒」になり、オセロは死ぬ直前に、オセロに与えられた「黒」のイメージをすべて取り払って、「白」になる。私がここで言う「黒」は「すべての悪いもの」で「白」は「すべてのよいもの」だ。

シェイクスピアの作品の中には、いつも"appearance"と"reality"、「外面」と「内面」の問題が内在している。『マクベス』の魔女たちのことば"Fair is foul,fair is foul"がまさにその問題の核に触れている。「きれいはきたない、きたないはきれい」。『オセロ』にあてはめれば「白は黒、黒は白」だ。イアーゴはベニス人で「白」。外面は誰の目にも「白」。いい人だ。しかし、内面は真っ黒だ。デズデモーナもベニス人。白い。それも、眩しいほどに白い。オセロはその白さにあこがれた。しかし、白さが見せかけのものだったと誤解してしまう。自らの手でデズデモーナを殺すことでオセロはデズデモーナの「白」を自分の中で回復しようとする。

泥沼にいたオセロが、最後にはそこから立ち上がって、まばゆい品性を見せる。私は、そのドラマに心打たれた。

2

『オセロ』のドラマの神髄をつかんだ気がした私は、二〇〇九年のある夏の日、宮城県北部の東鳴子温泉の大沼旅館の一室にいた。そこは、私たちが脚本構想をしてきた定宿だ。一緒にいたのは、『恐山の播部蘇《マクベス》』以来の脚本構想の相棒丸山修身氏。私たちは、まず翻案のキーになる三つのポイントをあぶり出した。それは、一、ベニスと地中海のキプロス島を日本のどこに置き換えるか？ 二、時代をいつにするか？ 三、黒人オセロを何に変えるか？ だった。どの問題も一筋縄ではいかなかった。シェイクスピアの中で、人種問題を真正面から扱っているのは『ベニスの商人』と『オセロ』だけだが、日本という国で「黒人」に置き換えられる存在は何か？」と考え始めると底なし沼の中にいるような気持になった。日本の四大差別は、「部落民」「在日朝鮮人」「琉球民族」「アイヌ民族」と言われているが、そのどれかに足を踏み入れることはタブーのように思われたからだ。

大沼旅館に母里《もり》の湯という温泉がある。うっとりとする露天風呂で、構想に行き詰まった心をエメラルドグリーンのやわらかい湯に浸していると、いつの間にか悶々が消えている。その湯のそばには女将さんの別荘があって、その中に特別に設えられたカウンターに腰かけて冷たいビールを飲んでいると、まさに桃源郷にいるような心持になる。いつも凛として着物姿の美しい女将さんの大沼安希子さんは私たちの呟きを黙って聞いていて、時々絶妙のタイミングでまるで合いの手を入れるように問いかけをする。その問いかけに答えながら、いつの間にか種のようなものがそこっと生まれる。

翌日の午後、私たちは宮城県図書館の中にある郷土資料室にいた。〈蝦夷〉を舞台にしてはどうだろうか？　という思いが私たちの中に漂い始めていたからだ。そこで、一枚の絵図「一八六〇（万延元）年奥州諸藩蝦夷地警備地」にめぐりあった。そして、私たちは、安政二（一八五五）年、幕府の命令によって仙台藩が白老から襟裳岬を経て択捉《えとろふ》まで蝦夷地の三分の一の警備を任されていたこと、派遣された仙台藩士とその家族は二〇〇〇人に及んだが、おびただしい数の人たちが極寒の中に命を落としたという事実を知った。

私は、北海道に行かなければならないと思った。ある秋の日、気がつけばひとり北海道行きの寝台列車北斗星号に乗っていた。長女の所望で、落ちるかもしれない飛行機も沈没するかもしれない船も使わない列車の旅。函館、白老、札幌、知床、弟子屈《てしかが》、野付《のつけ》、根室、釧路、帯広……。鞄の中には、あのピカソの『オセロ』とイザベラ・バードの『日本奥地紀行』があった。なぜイザベラ・バードか？　彼女こそが私たちの『オセロ』の舞台になるかもしれない十九世紀後半の蝦夷地を旅していたからだ。バードの蝦夷地を見る目は驚くほど澄んでいる。とりわけアイヌについて記した一節に私は目を奪われた。

「アイヌの最低の生活でも、世界の他の多くの原住民たちの生活よりは相当に高度で、すぐれたものである……彼らは純潔で、他人に対して親切であり、正直で崇敬の念がある」

摩周湖の畔に立つ。美しさに息をのむ。バードの言葉が浮かぶ。「銀色に輝く湖は盲目の大自然の顔にぱっちり眼が開いたようである」。弟子屈のアイヌ部落を歩く。ふと入った茅葺の家の中で一人の初老の男の人が機を織っている。よく見るとみやげ物屋のようだが、彼は商売っ気がなく私に目もくれず機を織り続けている。家の隅に立派な漆の桶が積み重ねられている。その桶をじっと見ているると彼が「それなんだかわかるか?」と聞いてくる。「シャケと交換してもらったんですね」と私。すると「首桶だ」と吐き捨てるように言う。それから私は、時を忘れてその日川清さんという人の話を聞いた。やわらかく低い声が不思議に懐かしい。帰り際、「あんたがなにをしようとしているんだがはわがらないが、『コタンの口笛』を見たらいい」とすすめてくれた。その夜、宿泊先のユースホステルでなぜか熱が出た。三十八度五分。いつも携帯している生姜をすってガーゼにくるみ熱湯を入れた洗面器の中に入れると黄土色になる。その中にタオルを二枚入れて十五分ごとに腹部と喉を温めた。それを一人で七回繰り返すといつの間にか眠った。

翌朝、嘘のように熱が下がって元気になると、仙台藩士が渡った国後島が見たくなった。エビのような形をした野付半島がちょうど曲がったあたりにあるトドワラという所に行く。海の浸食によって立ち枯れたエゾマツの林がある荒涼とした砂州を見ていると、地の果てにいるような気持になった。二五四年前ここから二百人の仙台藩士が船に乗る姿を思って胸が熱くなる。そして、抜けるような青空に抱かれたオホーツク海に向かって『オセロ』の三幕三場を「どうか素晴らしい脚本が生まれますように」と祈りを込めて音読した。

左に知床半島、右に根室半島、遠くに国後島を見ながら海沿いを歩いているうちに『オセロ』の二幕一場の嵐の場面が浮かんだ。原作の場は地中海。キプロス島の近くだ。嵐で海が荒れる場面を報告する紳士の言葉はこうだ。

「逆巻く波は雲を打ち、風にあおられた水面は、あたかも巨大なたてがみをふりみだしたように、輝く小熊座に飛沫をあげて、北極星を守るあの星々を消そうとしているかのようです」。

この直前の場面がイアーゴの独白であることが、この言葉をただの荒れ狂う海の描写にしていない。私は途轍もない激流の海がないものかと思った。目の前の海はまるで湖のように静かだったからだ。すれ違った漁師に聞く。「ここいら辺の海は荒れますか?」。答えは「見ての通りさ」。ベニス公国が仙台藩であれば、攻め来るトルコ軍は中国でもアメリカでもなくロシアだろう。歴史的に見てロシアが日本に接触したのは、根室、択捉だ。私は根室の北方資料館に向かった。そこで出会った老人に「この近くに荒れる海はありませんか?」と尋ねると、嬉しそうに連れて行ってくれたのが納沙布《のさっぷ》岬だった。その先端に行くと「国後島と択捉島の間は船乗りの難所でな、オホーツク海と日本海と太平洋の潮があの海峡で三筋になって渦巻いているのさ。函館の高田屋嘉兵衛記念館に行ってみるといい」と助言してくれた。

私は函館行きの列車に乗った。北の大地を横切りながら眠ると、あの日川清さんが「あんだなにしにここさ来たんだ? アイヌはあんたの飾りか? アイヌを書いてくれや。どんな差別を受けてきたかを書いてくれや」と静かに語る夢を見た。

目が覚めると、列車は白い十勝川を越えようとしていた。私は、丸山さんにメールを打った。「オセロはアイヌでなければなりません」。するとすぐ丸山さんから返事が来た。「下館さんが北海道に行かねければならないと言った時に、そうなるだろうと思っていました。勇気がいりますが、やってみましょう」。

仙台に戻ると、留守を守ってくれた母に、「アイヌのオセロになるよ」と言うと、「お父さん（私の父は海産物屋だった）、デパートで北海道物産展ある度に、アイヌの人うちに泊めてね、あんだなんか朝その人の膝の上さのせられでフクロウの彫り物なんか作ってもらって喜んでだよ。あんだは、顔もやるごどもお父さんさまずよく似でる」と言って笑った。

丸山さんと『コタンの口笛』を見た。映画館ではなく東京国立近代美術館フィルムセンターだ。たったふたりで見た後に、京橋の寿司屋に入った。思いが溢れて、どんな寿司を食べたのかも覚えていないが、随分ビールを飲んで熱く語り合った。覚悟してかかることを決めて外に出た。日はとっぷりと暮れて見上げると夜空に満月が輝いていた。するとその満月の隣に「オセロ」と縦に大きく書かれた文字が空に浮かんでいる。そんなに酔っぱらったかな？　と自分の目を疑ってもう一度よく見ると、オセロという名前の！　美容室の看板だった。丸山さんと腹をかかえて笑った。

それから五か月後の二〇一〇年三月『オセロ』は「蝦夷オセロ」として書き上げられ、東北学院大学教授で日本屈指のアイヌ研究家榎森進氏の監修を経て、『アトゥイ・オセロ』（「アトゥイ」はアイヌ語で「海」を意味する）が誕生した。

オセロの名前は、旺征露（ロシアを征する光を意味する）となり、デズデモーナは貞珠真（貞淑な真珠を意味しデズマと読む）、イアーゴは井伊矢吾《いいやご》となって、役者十二名スタッフ二十三名総勢三十五名のアトゥイ・オセロ・プロダクションが動き出した。択捉に生まれロシア人に父と母を殺され祖母に育てられたアイヌ民族の旺征露は幼くして奴隷の身になるが南部藩士に拾われて育ち、後に高田屋嘉兵衛に認められて働き、仙台藩の択捉陣屋の頭として抜擢されるという物語が生まれた。旺征露は仙台藩陣屋奉行の娘と恋に落ち駆け落ちをするところからドラマが始まるが、駆け落ちが発覚した時に、旺征露が陣屋の番所で語るのが、次の長いせりふで、そこには旺征露の生い立ちが凝縮して述べられている。

この方がいづがらがわば気にいってくれだみだいでなは、なにがどいえば家さ呼んでけでなは、わもうれしくて、語りすた、なにがらなにまで（ここから舞台は暗くなってその語が旺征露の語りとともに影絵となっ幕に映し出される）いっつもわの目の奥さあって、わの心ば温めでけるのが、あの母さまのハポのひぐくてやさしい声どでっけな蝦夷の大地モシリの匂いでござります。夏のアトゥイ、大海原の緑の波、カムイひぐま、丸っこい月クネチュプの下で夢ば見る……アァ、なつかすぃなぁ。わが七つのどぎだった、わの家族は、ある日いぎなり和人の盗人さ襲われで皆殺しにあいすた。残されたのは、わどばあさまだげだったども、ある時、松前藩のお侍さまがやってきて、泣きながらばあさまど別れでなは。んだが元服すた頃に、心の奥さしまってだ、ばあさまに会いだい、どいう気持ちがあふれできて、いでもたってもいられねぐなっては、クナシリさ行ぎました。クナシリまでの海はまんで摩周湖みでな静けさでござったが、目の前さなつかしいベルタルベの山こが見えだなど思ったら、わげのわがらない潮の流れにもっていがれで、それがら何日も何日もしばれるオホーツクの海ば木の葉みでぐ漂ってござりすた。命《めい》からがらエトロフの故郷シャナさ着いだ時、たった一人の血を分げだばあさまはまだ生ぎてござって、わの顔ば見るど、会いだがった、会いだがった、会いだがった旺征露どボロボロど涙こぼされで間もなく命落どされました。ばあさまの魂ば見送って墓守ばしておりました時でござりす、シャモどアイヌの通詞ば探しておられた高田屋嘉兵衛さまに拾われたのは。海は嘉兵衛さまのお陰で知り尽ぐしました。それがら仙台藩のしたづに目かげでいただいで、今こうしてここさいるのでござりす。こういう話ばこの方のお屋敷でさせでいだだいでおりました。したら、貞珠真は涙ば流してくれました。貞珠真はわの辿ってきた道ば好ぎになってくれたのです。わはわの道に心寄せでくれだ貞珠真に惚れだのでござります。わが妖術ば使ったどすればこれだげでござります。長々どわの話ば聞いでけでありがとうござりすた。ヤイライケレ、ヤイライケレ。その貞珠真がやってまいりました

3

『アトゥイ・オセロ』の初演は、宮城県大崎市松山町青年交流会館で行われた。ほんとうにできたてのホヤホヤで危なっかしかったが、柿落しはここでなければならなかった。松山町は一ノ蔵酒造の本拠地で初代社長の鈴木和郎さんは私たちを亡くなられるぎりぎりまで応援してくださったからだ。続いて、仙台市のエルパーク仙台ギャラリーホール、そして青森県八戸中央文化センターで公演を行った。全公演の総観客数は一〇〇〇人を超えた。終着地は、アイヌ民族の故郷北海道の札幌だった。公演予定日は三月二十日。しかし、私は三月五日、胸騒ぎを覚えて異例のプロダクション休止宣言を出した。カンパニーは震撼とした。幾度か訪れた札幌で耳にした「今はまだアイヌに関わるお芝居をする時ではない」「まず東京でやって、それから北海道じゃないかな」「慎重にしないと矢玉のように批判がくる」と言った声が、心の奥に沈殿していて、「なんとしてもやらなければ」という思いを突き破ったような気が今はする。

三月十一日午後二時四六分東日本大震災が起きる。それ以降、日本の東北の、とりわけ岩手県、宮城県、福島県の太平洋沿岸地域の時間は止まる。ある劇団員は「下館さん、地震のこと知ってたんじゃない?」と冗談交じりに言ったほど、あまりに唐突な休止宣言だった。神様に止められたような気がしたのは、私だけではなかったと思う。

地震は前代未聞の津波を引き起こし、それによって「死者・行方不明者は二七六三九人で、避難民は十五万人、離職者は七万人」(産経新聞)に及んだ。幸い私たちの仲間はみんな無事だったが、亡くなった親戚や友人や知人を持たないものはいなかった。私たちの活動は停止せざるを得なくなり、解散さえ考えた。しかし、新幹線も東北自動車道も不通となって、リュックを背負いキャリアーを引く人が溢れる荒廃とした仙台の街で、私が出会った一人のおばあさんの一言が私たちを立ち上がらせた。

「下館さんだすぺ。やめるのすかわ？　いっつも楽しんみにしてだがら、やめねで。んでも、長ぐない、誰も死なないシェイクスピアやってけさいん」。

旗揚げ以来、延べ一五〇〇〇人に及ぶお客さんが私たちのお芝居に足を運んでくれた。だからこそ、ここまでこれた。そう思った時、みんなで恩返しのために甚大な被害を受けた小さな湊を巡って公演をしよう、ということになった。とは言っても、現実的に動ける劇団員は、数えるほどしかいなかった。しかし、今までのような大きなお芝居ではなくて「塩むすびと沢庵二切れ」のようなささやかなお芝居でいい、と言うことになって、新しい若い仲間を募った。『ロミオとジュリエット』を作品として選んだこともあって、高校生や大学生が集まってきてくれた。

震災の翌年二〇一二年の春、私たちは『新ロミオとジュリエット』『新リア王』、『新ベニスの商人』を温泉三部作と銘打って、三年越しで公演をすることに決めた。「温泉三部作」としたのは、『新ロミオとジュリエット』の舞台を温泉として、ほかの二つの作品も温泉となんらかの関わりのあるように仕立て上げたからだ。なぜ温泉か？　温泉のように人の心をホッコリとさせる舞台にしたかったからだ。なぜ三部作か？　被災地の皆さんの心に最低三年は寄り添って行こうと考えたからだ。

最後の被災地巡りの旅を始めようとしていた二〇一五年二月、私たちのところにカナダから電話が入った。電話の主はリサ・ヒューさんで、翌年六月、仙台で開催される日英・英日翻訳国際会議の実行委員長だった。彼女は、二十年以上前にALT（英語助手）として仙台に暮らしていた頃に、塩釜市の浦戸諸島で上演された私たちの『松島湾の夏の夜の夢』を見て感動したことがあって、私たちに国際会議での公演を依頼してきたのだ。リクエストは四大悲劇だった。被災してから四年の時が過ぎていたが、以前のようなシェイクスピア・カンパニーではもうなかったので、引き受けることは難しかった。しかし、ヒューさんの熱意に動かされて、今は劇団を離れた四大悲劇のヒーローとヒロインを演じた仲間たち八人ひとりひとりに声をかけて説得した。そして、二〇一六年六月十八日世界各国から集まった翻訳者たち二〇〇人の前で新作『新ベニスの商人』を加えた四作『新リア王』『奥州仙台藩の破無礼（ハムレット）』『アトゥイ・オセロ』『恐山の播部蘇（マクベス）』の名場面が上演された。カーテンコールはスタンディング・オベイションで拍手の嵐だった。

公演の後、文化庁の鈴木仁也さんから「『アトゥイ・オセロ』を公演してみてはいかがですか？」と声をかけられた。震災でお蔵入りになった作品だ。「なぜ、今、『オセロ』なんでしょか？」と問うと、「二〇二〇年の東京オリンピックに向けて、今、日本の先住民族アイヌに追い風が吹いているんです」と説明された。一度思い屈した作品だが、私の『アトゥイ・オセロ』への思いは強く、心揺さぶられた。

アイヌ民族について学び直す旅が始まった。私は、歴史的なアイヌというよりも今のアイヌに興味があった。そして、二〇一六年の夏、私は三人の娘たちと札幌にいた。写真家だった妻のお弟子さんの空井知子さんは、三人娘の札幌のお母さん役を買ってでてくださって、私は彼女の夫で新進気鋭の政治学者である北海道大学大学院教授空井護さんと人権問題を始めとして、北海道とアイヌのことなど連日奔放に語り合った。そこでアイヌ先住民研究所准教授の丹菊逸治さんとめぐりあい、私はしばしば博覧強記の丹菊さんの学生となってアイヌ民族の現在を学ぶ。

私はちょうどサバティカル休暇に入って、ロンドンと仙台そして札幌を行ったり来たりする日々が続く。泊まっていたのは「さっぽろ天神山アートスタジオ」で、その雰囲気はイギリスのケンブリッジ大学のコレッジを思わせる。更に、札幌は美しい街であると思わせてくれるようになったのは、稀代の美学者松井力さんのお蔭で、松井さんにお会いしていなければ、私はなんのあてもない北海道に行き続けることはしなかった。

北海道行きを繰り返しているうちに、『アトゥイ・オセロ』の監修をしてくださった榎森進先生に無性に会いたくなって、五年ぶりに再会した。その時に榎森先生に二月に札幌で開かれる「遺骨問題に関わる会があるので是非出たらいいですよ。いろいろな方がいらっしゃいますから」と勧められた。結局、榎森先生のカバン持ちとして、私はその会に参加したが、その後の懇親会でたまたま同席したのが、北海道アイヌ協会の副理事長の阿部一司さんだった。阿部さんは宮城県の山元町とゆかりがあって、私たちの山元町での公演のことなどを親しくお話しさせていただいたが、ある人の名前が出たことで阿部さんは私をある人物を紹介してくれることになる。

最初のある人物は、私が東京の渋谷のレイトショーで見た『カピウとアパッポ』（アイヌ語で「カモメ」

と「福寿草」という阿寒湖出身のアイヌの姉妹を描いた美しい映画の監督佐藤隆之さんだ。私が映画を見た後に、偶然監督とお会いして親しく話しをしたことを阿部さんに伝えると、ハッとした表情で、後者のある人物、秋辺デボさんのこと思い出して、その場で電話をしてくれたのだ。

秋辺さんは、阿寒湖在住のアイヌ民族で、佐藤さんの映画にも出演していたからだと思う。電話の向こうの秋辺さんの声は決してやさしい声ではなくて、「あんた明日はどこにいるの?　札幌か、じゃあ、会おう。おれが言う店に六時に来て。」と言う風で、正直会ったら食われるのじゃないか……と不安をいだいたが、阿部さんに写真を見せられて不安が増した。

翌日の夜、私は秋辺さんと向き合って座っていた。その光景は、こんな言い方をすると叱られるもしれないが、まるでヒグマの前にちょこんと座っているアオガエルのようだった。秋辺さんは、アイヌのエカシ（長老）の長男で、顔は濃い髭に覆われている。眼光鋭く、全身からいわく言い難いオーラを発している。いつの間にかシェイクスピアの話になって、私に「『オセロ』ってどんな芝居?」と聞いた後に、「『オセロ』の中の一番の悪党は誰?」と問う。まるで論文の口頭試問のようだった。わかっていてのとぼけた質問とも思われたが、私が「イヤーゴで、ベニス人つまり白人です」と答えると、「イヤーゴをアイヌにしろ」と言い出す。私は目の前のテーブルに短剣を刺されたような気がした。ビビルとはこのことだ。「どうしてですか?」と言いたげな情けない顔を察して、秋辺さんは「アイヌにも悪党がいるんだよ。和人のアイヌへの姿勢は、美化か無視。本当の姿を描いてよ」。不思議な夜だった。

私は、アイヌ民族の方々に批判されない、と言うことだけを考えていたが、今はいつの間にかあちら側に橋を渡って歩いている、そんな気がしたからだ。

二次会に誘われた。秋辺さんと一緒に来た西野昭平さんは秋辺さんが大変信頼しているデザイナーで、やさしく深い。そこは西野さん愛用の店らしいが、ワインがおいしい。そこで間もなく、秋辺さんの雰囲気が変わった。目がとろんとして熊の顔がケーキの顔になる。「おれはお前をカズミと呼ぶから、おれをデボと呼べ」と言ってほほ笑んだその顔がなんとも可愛い。「これ見てよ、おれの毛むくじゃら!」と言って腕まくりして左腕を見せる。西野さんと私が笑う。

一週間後、私はロンドンで演出家の盟友ジャティンダ・ヴァーマとビールを飲んでいた。ヴァーマがトイレに立った時、奥様のクローディアがこっそり「あの人先週エリザベス女王から勲章をいただいたのよ」と教えてくれた。私は恥ずかしながらそのことを全く知らずお祝いも言わなかったから、改めて「おめでとう!」と言うと、照れて「私じゃなくて、劇団がもらったんだよ」と。実に、イギリス的で日本的である。

私は、ロンドンに来ると必ずジャティンダに新作の構想の相談をする。彼の指摘はいつも鋭く強烈な刺激になる。デボのアイヌ・イアーゴの話をすると、いつになく興奮して、「この間新聞でインド人をいじめたイギリス人の少年ことが載っていたんだ。そんなことは珍しいことではないんだけれど、面白いと思ったのは、イギリス人が実はインド人とのハーフだったことだよ。その少年は、自分のインド人の血をいじめたんだよ」と語った。

翌日、グローブ座の実験劇場で、若手の『オセロ』を偶然見た。古典的な『オセロ』しか知らない私は、めまいがした、イアーゴの妻のエミリアは原作では白人だが黒人で、キャシオの恋人ビアンカには腕がない。黒白の問題よりも、もっと広く「差別」をテーマに据えている。そして、何より舞台の雰囲気が明るいのだ。グローブ座らしく、ひっきりなしに役者は観客とのコンタクトを欠かさないから、なにか開かれた雰囲気がある。所詮は、寝取られたと思い込んだ妄想癖の強い男の嫉妬話であるから、その明るさは間違ってはいない。

五月、私はデボの住む阿寒湖畔にあるホテルあかん湖鶴雅ウィングズのバーでウイスキーを飲んでいた。ジャティンダの話をデボはいたく面白がった。そして、実は高校時『ロミオとジュリエット』でジュリエットの父キャプレットを演じたことがあることを告白してくれた。阿寒湖にいるデボはおおらかな奥様のそばにいるせいかどこか子供のようで、札幌にいる時とは違う。オリヴィア・ハッセイのジュリエットの話をしているうちに「おれも脚本に入るよ」と言ってくれて驚いた。酔ったついでに、「じゃあ、演出一緒にやろうよ」と言うと、「いいよ」と小学校のクラスメイトみたいに言う。そばにいた、西野さんが、しみじみと言う。「アイヌにもシェイクスピアにも引くかもしれない人たちが、遠いふたつが不思議な結びつきを見せて、北海道に新しい風が吹くといいな」。私は、胸が熱くなった。

西野さんの言う「風」がなぜか心に響いていた。ほろ酔いでロビーに行くと、正面に大きな彫刻がある。馬に乗った少女は上を向いている、そしてその髪は風に煽られて大きく膨らんでいる。作家はアイヌの彫刻家瀧口政満。私たちの新しい『オセロ』のイメージはこれだ！　と私は思った。ついに見つけたと思った。

いつの間にか、シェイクスピア・カンパニーは、想像していなかった次元に立っていた。翌朝、デボに阿寒の街を案内してもらった。まず、舞台に水と火のある素敵なイコロ劇場に魅せられた。そこから歩き始めて、最初の土産屋さんの看板「日川民芸店」を見て、私は思わず走り出した、そして店の奥を見た。やっぱり日川清さんだった。私に、オセロをアイヌにすることを夢の中で示した人だ。私は泣きそうになった。「なぜ阿寒湖に？」すると、日川さん奥様が「弟子屈の家は、私の父の家で、もうないのだけれど、あなたが来た頃は、毎日阿寒から車で一時間もかけて弟子屈まで通ってたのよ」と。

もう会えないと思っていた日川さんの家はデボのお店の斜向かいだった。何という旅だろう！ついに円がつながった、そんな気がした。

『アトゥイ・オセロ』は、アイヌ民族との共同制作となって、今、『アイヌ・オセロ』と名前を変え、あたかも東京オリンピックへの滑走路のようになって、今年二〇〇八年一月の仙台を皮切りに、六月の東京、七月の札幌と旅をし、終着点はジャティンダのいるロンドンとなる。

田中俊廣

長崎の原爆詩歌　その体験と思想
――山田かん、竹山広、松尾あつゆきのことばの力

一

「文学の力とは何か」という問いの行方には二つの方向性が考えられる。一つは作品が読者にもたらす力。もう一つは作者が書くことによって自らの生の基層を形成したり、作品がその思考や感性を切り開く力ということである。もちろん、両者は截然と切り離されるわけではない。むしろ、二つのベクトルが共働し往還することによって、作品は力や深遠さを増していくであろう。

長崎の原爆で被爆した表現者、とりわけ詩の山田かん、短歌の竹山広、俳句の松尾あつゆきは、自らの体験を掘り下げることによって生きることの原動力とし、それゆえに、彼らの作品は読者の

思考や心情を大きく揺り動かすことができたのである。

原爆という有史以来の大量虐殺をもたらす科学兵器が、市民の上に炸裂したのは、昭和二〇年八月六日の広島と三日後の九日の長崎である。この残虐な兵器は、その瞬間から三か月以内に約一二万人（広島）と七万五千人（長崎）の生命を奪った。その惨状は想像を絶するほどである。また、生存者も、体内に残留する放射能が後々まで様々な病変を引き起こすことによって、身体や精神の苦悩を抱え続けることになる。

被爆した表現者もこの惨劇に向き合っていく。広島においては、栗原貞子の詩「生ましめん哉」（昭21・3）原民喜の小説『夏の花』（昭22・6）そして詩「水ヲ下サイ」（昭25・8）、峠三吉の『原爆詩集』（昭26・9）など、間も置かず続け様に佳作が発表される。これらに比べ、長崎では、山田かんの詩「地点通過」（昭30・8）、福田須磨子の詩と随想『ひとりごと』（昭31・3）、松尾あつゆきの『原爆句抄』（昭47・10）、竹山広の歌集『とこしへの川』（昭56・8）と、広島に立ち遅れて作品が顕在化してくる。その相違の要因は、被爆時の年齢と文学的キャリアに関係している。広島の表現者は二〇代後半から三〇代後半であり、すでに文学的活動と基盤が用意されていたから、逸早くモチーフに対応できたのである。長崎の場合は、当時、一〇代半ばから四〇代後半である。山田かんは十四歳、福田須磨子は二三歳で、まだ文学の土壌が準備されていない。竹山広は二五歳、松尾あつゆきは四一歳。両者はすでに文学活動を開始していたが、経済的不如意、発表の環境、精神的問題などが相まって、その作品が読者に届くまで長い時間を要することになる。

もう一つの要因は、広島と長崎の風土の差異にもあるだろう。広島には、社会運動や文学運動の思潮がその背景に底流しており、その基盤から原爆を問う作品を展開することができた。ところが、長崎市は江戸幕府直轄の天領であったこともあり、いわゆるお上に背く、抗議するという風潮は希薄であった。だから、社会運動や文学の集団的活動も盛んではなかった。このことについて、山田かんは「文芸を趣味的に楽しむものとする個人の閉鎖的な風潮に支配されていた、ということができよう。すなわち原爆の反人類的な悪に立ち向かう思想的主体の芽生えが遅く、また集団としての文学運動への視点のなさが影響したと思われる[1]」と指摘している。

以上のことも関係しているのか、ジャーナリズムや一般的印象では、「怒り」の広島、「祈り」の長崎という言い方がしばらく続いてきた。長崎においては、原爆落下と被災の多大さが、浦上天主堂に象徴されるカトリック信徒が多く居住する地域に集中したからであろう。たとえば、水原秋櫻子は、昭和二七年五月に長崎を訪れ、「麦秋の中なるが悲し聖廃墟」「堂崩れ麦秋の天藍たゞよふ」など、浦上天主堂を詠んだ秀句を残している。

それより影響を及ぼしたのは、永井隆の『ロザリオの鎖』(昭23・5)、『長崎の鐘』(昭24・1)などのクリスチャンの視点から原爆を綴った著作が反響を呼んだからである。この随筆をもとにして、歌謡曲「長崎の鐘」(昭24・6、歌＝藤山一郎、詞＝サトウ・ハチロー、曲＝古関裕而)が作られ、ヒットする。さらに翌年には、これを主題歌とした同名の映画が、〈メロドラマの好篇〉のキャッチフレーズで上映される(監督＝大庭秀雄、主演＝若原雅夫)。このような経過を辿って、「祈り」の長崎のイメージは定着していく。

ところが、映画のキャッチフレーズが、爆死したクリスチャンの妻との愛と信仰とにウェイトが置かれていたように、原爆の悲惨さは薄められている（歌謡曲も同様）。

また、永井隆の著作そのものも、社会政治的視点より宗教的言説が主であった。『長崎の鐘』には、原爆を「天主の妙なる摂理」「神の祭壇に献げらるべき唯一の潔き羔《ひつじ》」「嗚呼《ああ》大いなる燔祭《はんさい》よ！　悲しみの極みのうちにも私たちはそれをあな美し、あな潔し、あな尊し」（「燔祭」は、古代ユダヤ教で、供えられた動物を祭壇で焼いて神に捧げたこと）と位置づけている。この言説は「原子爆弾合同葬弔辞」として読まれたが、ここには社会思想的視点は欠如しているし、『聖書』にも人間を「羔」のように「燔祭」の犠牲《いけにえ》として捧げる叙述はない。確かに前代未聞の大量殺戮による死は神の救いに頼るしかないのかもしれない。しかし、そのような祈念と政治がもたらす戦争の問題は別である。

永井隆は、放射線医学の医師としてすでに内部被曝が進行しており、加えて原爆に遭うことにより体調は悪化していった。にもかかわらず、被災者の医療に尽力している。昭和二六年に他界するが、名誉市民第一号として市民葬が挙行される。またその間、天皇やヘレンケラーも病床を見舞い、国民表彰も受けた。

以上の圧倒的イメージが定着してくると、原爆の不条理や非人間性を政治的社会思想の問題として表立って論じていく思潮は芽生えにくい。文学においても、戦後一〇年間はアクチュアルでラディカル（根底的）な課題としてモチーフを展開することは難しかった。

二

長崎の原爆文学が一般社会に反響を呼ぶのは被爆一〇年目である。福田須磨子の詩「ひとりごと」は新聞投稿[2]であるが、多くの読者の反響を得る。このメモリアルな時期に、原爆落下中心地近くの丘に〈平和記念像〉（昭30・8竣工、北村西望作）が建てられる。それに触発されて、「ひとりごと」の第一連は「何も彼も　いやになりました／原子野に屹立する巨大な平和像／それはいいけど／そのお金で　何とかならなかったかしら／〝石の像は食えぬし腹の足しにならぬ〟／さもしいと　いって下さいますな／原爆後十年をぎり〳〵に生きる／被災者の偽らぬ心境です」と展開される。生活の困窮と被爆の後遺症に苦悶する現実から、絞り出すように発語されている。鋭い批判やイロニーとともに悲痛さや切迫感も漂う。

第二連では、激化しつつ空転する平和運動の頼りなさや焦燥に視点を移し、三、四連は「何も彼もいやになりました／皆が騒げば騒ぐ程心は虚しい／今迄は　焼け死んだ父さん母さん姉さんがむごたらしくって可哀想で／泣いて許りいたけど／今では幸福かも知れないと思う／生きる不安と苦しさと／そんな事知らないだけでも……／／あゝ　こんなじゃいけないと／自分を鞭うつのだけど」と締めくくられる。爆死した父母や姉が「今では幸福かも知れない」とは決して思ってはいけないことである。それでも、そう思わしめるほど、貧困と後遺症による心身の疲弊は激しかったのである。終連二行の自己反省と相まって、ここには原爆の不条理と悲惨がくっきりと炙り出されている。

読者、特に被爆者は自らの苦悩を代弁している、と共感したであろう。長崎市建立の平和祈念像、しかも文字通り平和希求のモニュメントを批判するのは勇気のいることである。「〝石の像は食えぬし腹の足しにならぬ〟」という激越な発語は、世間的良識内に忍んでいた市民の精神の風穴を開け、蒙を啓いてくれたであろう。

福田はその後、長編手記『われなお生きてあり』（昭43・7）で田村俊子賞という評価を得る。

山田かんの詩「地点通過」も、昭和三〇年八月、『現代詩』に発表される。すでに私家版詩集『いのちの火』（昭29・3）を刊行していたが、自己の内部深く分け入り、原爆の傷痕を形象化したのは、この詩が出発点である。

わずかに目の端に映った
白ペンキ塗りの貧相な棒杭がある
　碑銘　原子爆弾落下之地点
〈これを現代の卒都婆というのだろう〉
ぼくの頭蓋の暗みに懸けられた

スクリインでは
人肉がまだ燃えつづけている
屍体の起伏が砂丘のよう
果しもなく映る
（以下、四行略）

緑が見えなかったろう
ぼくのこころのなかは植物が枯れたのだから
いつまでも荒涼としている
熱で乾きあがったものが冷たく尖る
原爆落下地帯なのだ
ぼくは　ぼくの地帯のなかを
通過できそうもない
そんな地帯を胸一杯みなぎらせて
毎日　落下の地点を通過していく

第二連と最終連を引用した。第一連は「ほんとうに何事もここではおきなかった／のかもしれない」で始まり、「今は——／シイツの上で伸びをする／正午に太陽は真上にくる／夜は灯がともるこうして／人は生活を恢復する／恢復とは　痛みを記憶しておくこと」で終わる。中間部は省略したが、一〇年後の世の中は、あたかも原爆はなかったかのように過ごし「生活を恢復」しているとする市民の日常を描く。それに対し、「ぼく」にとって「恢復とは　痛みを記憶しておくこと」と、その葛藤、混沌、痛みを再認識せざるをえない。

この後に引用の二連と終連が続く。「頭蓋の暗みに懸けられた／スクリイン」という卓越した比喩で、精神の奥底から決して離れることのない原爆の酸鼻の極みを展開しながら、忘れ去られようとする世相と「ぼく」の「痛みを記憶」することとを対比させながら、「荒涼として」「冷たく尖る」心象を強調していく。「ぼくは　ぼくの地帯のなかを／通過できそうもない」とは、バス通勤の現実に添いながら（第一連にバス乗車の描写）、心の根底には常に人肉が燃え、屍体の起伏の光景が離れることはないという内実を通わせている。心象は「通過できそうもない」のに対し、「ぼく」を乗せるバスは「毎日」「通過していく」というギャップとの境界に、置き去りにされる悲痛さや空虚さが浮遊している。

山田かんは、同様のモチーフを二四年後の「八月」（昭54・8）で、一層深く鋭く展開する。第一連は「夜明けの黒いミルク／ぼくらはそれを晩にのむ／と〝死のフーガ〟を掻きならした／パウル・ツェランはそのように死した／セーヌ河に身を投じて／アウシュヴィッツの深い傷痕は癒えず」と、ユダヤ人迫害に心身を苛《さいな》まれたツェランに心を寄せる。第二連は広島の原爆に遭遇し、優れた作品発表を継続していたにもかかわらず、鉄道自殺をした原民喜に近接する。「夜ガクル夜ガクル／ヒカラビタ眼ニ　タダレタ唇に《ママ》」と詩「水ヲ下サイ」の一節を引用し、「終末を予感する神経叢のふるえは癒えず」とその精神の痛みを掬い上げる。続けて、これらと対照的に原爆とは関係ないかのように日々を送る市民の姿と風景を描写し、「八月は残酷な月であるが／いまは肌あらわな娘が通っていく」と、より対照をくっきりと顕現させる。T・S・エリオットの詩「荒地」の冒頭「四月は残酷きわまる月で」を援用し、八月の原爆とそれには無関係な娘の解放的な姿を象徴的に浮上させる。そして、次の三連、最終連へと「傷痕」の闇を刻印していく。

明けることなく
閉ざされたままに終る夜もある
きれいな街にはミルク色の壁のなか
透きとおったレストランがある
ふと他人の街へ遊山にでたいと
人はしんそこ思わないであろうか

かったるい街市《まち》である重い夏である
いつか高原の行く雲のしたにいて

遥かに離れた街の九日を
幻影の酔夢のようにして眺めてみたいと――
夜がきて夜明けがきて
黒いミルクを飲むように絶望に冷えこみながら

最終の二行は、再び原民喜とパウル・ツェランの詩句を踏まえている。この詩の語り手は、二人と同じように「夜」と「夜明け」ごとに「黒いミルク」の「絶望」を抱え込んでいる。原もツェランも傷は「癒えず」自死したが、語り手は〈遺言執行人〉（鮎川信夫の「死んだ男」の詩句）として遺志を継承しようと意図している。

牛乳の白を反転されたツェランの「黒いミルク」のアレゴリーの強裂さと深度。それを読解し取り込み、自己の詩の中で再生させる山田かんの触覚の冴え。これらを含め、作品全体が明と暗のイメージを対照させることによって、「深い傷痕」と「神経叢のふるえ」をより鮮新な文体で展開している。

さらにまた重要なところは、モチーフが長崎を起点として、アウシュヴィッツ、広島（あるいはエリオットの第一次世界大戦）へと時空を敷衍することによって、普遍性と奥行のある思想へと到達しているのである。

山田かんは、平成一五年六月、七二歳で没するが、「八月」以後も社会情勢を凝視し展望しなが

ら鋭利で包容力のある文学活動を展開した。評論にも鋭利で地道な営為があるが、ここには紹介する紙幅の余裕がない。(3)

三

竹山広は大正一〇年、長崎県北部の田平町生まれで、禁教時代からのカトリック信徒である。二五歳の時、喀血のため長崎市本原の浦上第一病院に入院していて、八月九日が退院の日であった。兄が迎えに来るのを待っているところで被爆して、腕や脇腹など数か所を負傷。すでに、昭和一六年から『心の花』に入会し短歌活動を始めていたが、原爆詠を試みると心身に変調を来したらしい。所属を変わったり中断したりした後、昭和三〇年頃から再開し、原爆も詠むようになっていく。第一歌集『とこしへの川』（昭56・8）の刊行は、六一歳になってからである。

傷軽きを頼られてこころ慄ふのみ松山燃ゆ山里燃ゆ浦上天主堂燃ゆ
まぶた閉ざしやりたる兄をかたはらに兄が残しし粥をすすりき
橋下に死してひしめくひとりひとり面おこし見てうち捨てゆきつ
くろぐろと水満ち水にうち合へる死者満ちてわがとこしへの川
人に語ることならねども混葬の火中にひらきゆきしてのひら

この主情を抑制した冷徹なまでの語法はどこから生まれるのか。作者の資質・個性であるとともに、被爆後の時間の経過の中で自らを反芻するようにして確立された文体であろう。状況を客観的に即物的に透視することによって、逆に心情が短歌のリズムに伴って文脈の奥底から鮮明に浮かび上がってくる。冷徹さを通り越すと、背後から優しさや温かい眼差しがほのかに静かに漂ってくる。

一首目の惨劇への驚愕は、「松山燃ゆ」以下三回「燃ゆ」を繰り返すことによって、空間的広がりや延焼の勢いや激しさを伴った映像がリアルに立ち上がってくる。二首目。退院する弟を迎えに来る兄は途中で被爆によって息絶える。死者への痛切なまでの哀悼と、残された者は生きねばならないリアリズムや合理主義との二者の拮抗は切なく哀しい。三首目は、一見慈悲の欠片《かけら》もない人間性の喪失のように描きながら、背後に知人親類を懸命に探し回る人物の動作を想像させる。また、「うち捨てゆきつ」の非情さは、そういう行動をもたらした新型爆弾とそれを落とした人（国家）への強い抗議でもある。四首目の「とこしへの川」とは、〈永遠の記憶の川〉として、黒々と濁った川に焼死した多数の遺体が自ずとぶつかり合っている惨状をしっかりと刻印しておこうとする認識の深さである。歌集のタイトルに採用しているように、この認識は、竹山の歌人としての真の新たな出発点であり、基盤でもあった。五首目。「混葬の火中にひらきゆきしてのひら」はどこか無気味である。火の勢いによって何らかの作用で掌が開いたのであろう。だからこそ「人に語ることならねども」と、人間の身体の不思議に遭遇したことに驚愕しているのである。

『とこしへの川』について、佐佐木幸綱が「竹山広論　序にかえて」を寄せている。長崎で被爆した林京子の『ギヤマン・ビードロ』が、三〇余年の歳月を必要したことを例に掲げながら次のように論じている。「原爆被爆者は、被爆を思い出とすることはできない。原爆は被爆の時から被爆者の体内に棲みつき、彼や彼女が生きる限り原爆もまた生きつづけるからである。思い出とはならない体験。思い出ならば美化されてゆくこともあろうし、また、風化してゆくこともあるだろう。だが、原爆被爆の体験は、美化とも風化とも無縁に、ひたすら深化されてゆくのみである。時間とは、ここでは深度なのであった」。この「時間とは」「深度」であるという指摘は、竹山の中で原爆詠は、自らの心身の傷をこじ開けるようにして長い時間をかけて醸成されたことを的確に言い当てている。

竹山広は、この第一歌集で実力が認められ着実な評価を得たが、『竹山広全歌集』（平13・12）が詩歌文学館賞、斎藤茂吉短歌文学賞、迢空賞を受賞することによって、その評価は定着し、より高まっていった。

眠るべき喉《のみど》けもののごとく渇くアメリカ滅べソビエト滅べ
戦ひし日よりも憎きアメリカと思ふくらがりを帰りきにけり
一分の黙祷はまこと一分かよしなきことを深くうたがふ
病み重る地球の声のきこゆると言はしめてただ神は見たまふ

『とこしへの川』以後の作品である。引用は特に政治的社会的モチーフを声高にプロテストしたものに限った。一首目は、核を保有する二大国の冷戦を自己の身体の「けもののごと渇く」異常さに引きつけて批判している。三首目は、平和祈念式典で原爆落下の時間、サイレンと鐘の音とともに街全体が一斉に黙祷することをアイロニカルに把握している。「よしなしこと」と自嘲しながらも、原爆の重さは儀式や一分間の祈りによって解消されるものではないという意味あいも含まれる。四首目。竹山は少年の頃、神父を志したこともある信仰者である。にもかかわらず「ただ神は見たまふ」と神を遠くに見ている。遠藤周作の『沈黙』を想起させる。竹山は、時代社会、神、自己に対しても深く分け入るとともに、一方では距離をとり客観的に把握する視座を保持している。

平成二二年三月、九〇歳で他界するが、没後、第一〇歌集『地の世』（平22・12）が馬場昭徳の編集によって刊行される。

地上にはよき核わるき核ありて螢の尻のひかる夜となる
原爆を知れるは広島と長崎にて日本といふ国にはあらず

「天声人語」（「朝日新聞」平23・5・23付）で紹介された作品である（前者は『千日千夜』平11・5、後者は『地の世』所収）。竹山の作品は、平成二三年三月一一日の東日本大震災、福島原発事故以前に作られているものの、その視線は事象の本質を見抜き、事故による放射能の飛散を予知しているかのようにも思える。原爆が「わるき」でもなく、原発が「よき」と区別できるものでもない。核爆発の原理は同じであり、安全神話はあくまで神話でしかない。原子力の暴力的な燃焼と光に対し、「螢の尻のひかる夜」の自然の光の優美さ、優しさをユーモアを込めて対照的に配置している批評は効果的で鋭い。また、二首目はまさにリアルタイムな批評。国連で今年（平29・9・20）、核兵器禁止条約が可決され多くの国の署名がなされたにもかかわらず、唯一の被爆国である日本政府は米国の核の傘の下にいるという理由で署名しなかった蒙昧を照射している。

林京子は、平成二九年二月、八六歳で他界したが、その作品活動も自らの被爆体験を年齢を重ねる時点で深く掘り下げてきた生涯であった。[4] 竹山広も山田かんもその作品活動を続けることで、体験を思想にまで深めてきた。思想とは社会性を伴い現実を生きるための根幹を形成する認識である。そしてそれは、一箇所に留まることなく、社会状況の変動に応じて事象を透視する磁場として作動する。

四

松尾あつゆきは、被爆時は四一歳であり、荻原井泉水主宰の自由律俳誌『層雲』で活躍していた。すでに第一句集『浮燈台』（昭13・4）を刊行し、層雲賞も受賞（昭17・11）。妻、長女（16歳）、長男

（13歳）、次男（4歳）、次女（7か月）との六人家族で、仕事も家庭も順調で平穏であった。ところが原爆の災難を被り、次男と次女は即死、続いて長男、妻が息を引きとる。さらに重傷の長女の看病に明け暮れ、失職する。

八月九日被爆、二児爆死、四才、一才、翌朝発見す

こときれし子をそばに、木も家もなく明けてくる

すべなし地に置けば子にむらがる蝿

長男また死す、中学一年

炎天、子のいまわの水をさがしにゆく

自ら木を組みて三児を焼く

とんぼう、子を焼く木をひろうてくる

ほのお、兄をなかによりそうて火になる

翌朝、子の骨を拾う

朝霧きょうだいよりそうたなりの骨で

あわれ七ケ月のいのちの、はなびらのような骨かな

まくらもと子を骨にしてあわれちちがはる

三人のわが子の被爆死を描いているものの、この即物的で乾いた客観的視線には驚嘆せざるをえない。感情を抑制し、ものやこととして対象を把握している。

子の母も死す、三十六才
くりかえし米の配給のことをこれが遺言か
なにもかもなくした手に四まいの爆死証明

妻を焼く、八月十五日
炎天、妻に火をつけて水のむ
降伏のみことのり、妻をやく火いまぞ熾りつ

一句目。原爆症独得の症状か、三人の子を亡くした精神的傷痕の大きさからか、夢うつつをさ迷っていた妻の最後のことばが、主婦・母としての食べ物のことというのは、健気さを通り越していて、夫としては何とも哀れで切ない。どう受け止めていいのか、判断のしようがない。二句目は、「四まいの爆死証明」だけが残る空虚の深さ。家族を亡くした喪失感とともに精神にぽっかり空いた穴の大きさ。いのちの実存が薄っぺらな紙片に変換された現実の受け入れ難さもここにはあろう。そして、受難をもたらした相手への怒りも。

松尾あつゆきの文体は、淡々として冷静である。内には激越な感情のマグマが渦巻いているのだ

ろうが、作品の姿は凜冽として雄然としている。ここには、並々ならぬ推敲の厳しさと、知性・感性の強靭な鍛錬の過程が隠されている。

例えば、四句目の「降伏のみことのり、妻をやく火いまぞ熾りつ」の背景は、『松尾あつゆき日記』(平24・8)に窺うことができる。ここには「今になって降伏とは何事か。妻は、子は、一体何のために死んだのか、あゝ、彼等は犬死ではないか、何故降伏するなら、も少し早くしないか。僅か五日か六日の違いで全く犬死ではないか」(昭20・8・15)と記す。日記では感情を剥き出しにし、怒り心頭に発している。ところが、作品においては、流涕や激怒は削ぎ落とす。一時の感情をぶつけるより、抑制された表現が普遍的で生動的な奥行きを生む。荻原井泉水は『原爆句抄』の「序にかえて」で、「そのときの敦之の気持は、涙も涸れてしまったのちに魂からしみ出る涙であり、嘆息する息もとまったのちの嘆きの息である。言葉として人に語る言葉ではなく、己れが己れに言いふくめるほかはなき言葉である。これこそ正しい意味の詩、ほんとうの意味の句なのである」と言及し、「自由律俳句の特有の力強いリズム」と付け加えている。

『層雲』の先達としては、種田山頭火と尾崎放哉が活躍していたが、松尾は日記の中で「放哉は人間を物のように見た」(昭20・11・11)、「放哉は人間を物体と見ることによってその眼をひらいた」(昭21・3・19)と記しているように、放哉の句法を指標とし近接しようと努力している。

それでも、その句作の行程は平坦ではない。妻と三児を亡くし、貧困の中で長女を看病しながら、絶望と虚無に陥り、死への誘惑にのめり込もうとする。その中で「私は句を作ることにのみ生きる価値を見出そう――見出そう、ではない。それよりほかに生きる価値を見出すことができないのである」（昭20・10・12）と自らを鼓舞している。その試行錯誤の過程を経た被爆八か月後、「――寂光土！　もし私に、何か明るさというものが戻ってくるとすれば、実に、虚無のあかるさであろう」（昭21・4・18）という境地に到る。この虚無と絶望の淵からわずかでも光明を見出そうとする意思は、次のような句に反映されていく。

つまよまたきたよおまえのすきなこでまりだよ

ここでは「こでまり」のような明るさを取り戻している。戦後間もなく、故郷の長崎県北松浦郡佐々町に長女とともに移住していて、昭和二一年の春、長崎市に墓参りに来た時の句である。松尾はまさに、句作することが生きることであった。『原爆句抄』（昭47・10＝私家版→昭50・6＝文化評論出版）の刊行によってその作品は確かな評価と読者を得ることになるが、実はそれ以前、同時代的に作品発表を試みようとしていた。句誌『層雲』には早くから井泉水の選によって掲載されていたが、部分的で読者も限られていた。戦前からの雑誌『長崎文学』に逸早く原稿を送るが、GHQのプレスコードの関係で返送されてくる。そういう曲折の中で、平戸から〈俳句地帯叢書第一輯〉として、松尾敦之句集『火を継ぐ』（昭21・9）が刊行される。といっても「ガリ版刷り全紙四枚分を仮り綴じした手製の粗末な句集」と、これを再録した『句集長崎2』（昭60・8）に隈治人が注記している。その後、『句集長崎』（昭30・8）に三三句掲載されることによって、漸く世にいくらかは知られるようになる。[5]

長崎で被爆した三人の詩歌について言及してきたが、彼らにとって表現が生きることの根幹を形成してきたことは共通している。

哲学者・森有正は「経験」と「体験」の内実を明確に区分している。「体験」は「年月とともに消磨して行くもの」「新しい次元を展くに到らないもの」とし、「経験」は「新しい生活の次元を開き、「生活の意味自体が変化して行く」ことと規定する（「一つの『経験』」）。また、「経験」は「より真実な現実把握への批判的傾動をもっていなければなら」ず、「異質の領域に向って開けている」（「経験と思想」）、自己を再生させるアクチュアルで生動的なものと指摘している。さらに、「経験」が社会性を帯び、純化されて「思想」に到るとも論述している。

長崎の原爆詩歌は、広島には立ち遅れたが、それぞれの体験を長い時間の営為によって経験へと転位させ、さらに思想にまで深めていったと言うことができる。

注

（1）山田かん「原爆文芸」（『長崎県大百科事典』長崎新聞社、昭59・8）

（2）昭和三〇年八月一一日、「朝日新聞」西部本社版（夕刊）の投稿家庭欄「戦後10年〈ひととき〉特集」に掲載。詩の引用は、福田須磨子『詩と随想・ひとりごと』（長崎生活をつづる会、昭31・3）による。
（3）拙稿「山田かん論〈まっとうな虚無〉の淵から」（拙著『ことばの遠近法《文学／時代／風土》』弦書房、平25・1）参照。
（4）拙稿「被爆体験を思想へ——林京子さんを悼む」（「西日本新聞」平29・3・8→「北海道新聞」平29・3・31）
（5）拙稿「『原爆句抄』虚無のあかるさを生きる」（小崎侃『慟哭——松尾あつゆき「原爆句抄」木版画集』長崎文献社、平27・5）参照。

底なき三角形
――〈文学の力〉とは何か、と問われて

北川　透

生きる根拠の喪失

　今回は佐藤泰正の最後の大著『文学の力とは何か』（翰林書房）との関連で、《〈文学の力〉とは何か》について、わたしの考えを書くということが求められている。文学に〈力〉があるかどうかを問うのではなく、〈力〉があることを前提として、その〈力〉はどういうものか、というのだ。むろん、それは佐藤泰正の『文学の力とは何か』について論じなさい、ということではない。ただ、この書の冒頭で彼が、「漱石における〈文学の力〉とは何か」という、この一冊を貫く主題を掲げ、漱石の「人生」一篇をみずからの論の指針にされているので、それをヒントにして、あるいは参照

することから、わたしの論を始めることも許されるだろう。まず、彼は、冒頭で「人生」から、《「吾人の心中には底なき三角形あり、二辺並行せる三角形あるを奈何《いかん》せん」》を引き、これに続けて、《底なき三角形と言えば残る二辺を手放せば無限の奈落に落ちるほかはあるまい。この残された二辺の対立する矛盾、これを手放さず生き抜くことこそが、この矛盾に満ちた人生を生き抜く力であろう。この言葉に出会った時、人生の何たるか、またこれを生き抜く力の何たるかに、眼をひらかれる思いがあったことを忘れること出来ない。》（「漱石における〈文学の力〉とは何か」）と述べられている。

九〇歳を越え、百歳に近い最晩年の佐藤泰正が、なお、文学の力を問い、漱石の心中にある《底なき三角形》《無限の奈落》に出会って、人生の何たるかに目を開かれた日のことが思い起こされている。それればかりか、今なお《底なき三角形》に目を凝らして生きている、ということに、わたしは強い感銘を受ける。よく考えてみれば、それは慄然として、わが身のいい加減さを、たしなめなければならぬようなことかも知れない。

しかし、今日の時代のいい加減さにも、それなりの理屈があって、二辺の並行する線が、頂点を結んで向き合う関係は、必ずしも対立や矛盾ではないかも知れない、ということを疑うようになっている。三つの辺が異次元を結び合うことで成り立つ三角形は、同じ三つの方向を異にする差異の力の関係だ、と言えないことはない。底辺が欠けたら、他の二辺もバラバラになって崩壊し、単なる二つの線になるだけのことで、二辺が並行する底辺なき三角形というものは、本来存在しえないヴィジョンではないかを疑ってみてもよい。現在は、そういう時代だ。しかし、三角形にとって不可欠な底辺が喪失すれば、残りの二つの辺もバラバラに崩壊するイメージに、存在の奈落の暗示を見ることは可能かも知れない。かつて、その深い奈落の底を埋めるものが、漱石晩年の理念《則天去私》であり。佐藤泰正にとっては、絶対的な〈唯一神〉への信仰だったのだろうか。

しかし、わたしの内部には、若い頃にマルクス主義の理念に見出していた三角形の秩序、あるいは二辺の矛盾の弁証法は、すでに五〇年以上も前に崩壊し、それ以後、いかなる三角形も内部に住み着くことを拒んで生きてきた。従って、その荒野には三角形の秩序もないから底辺もなく、対立（矛盾）する二辺が残るという仮説も成立しない。言い換えれば、ギリシャ神話のデイオニュソス的とアポロ的の両概念が、対立的、相互排除的に存在していない。では、わたしにとって、《この矛盾に満ちた人生を生きぬく力》ははは存在しないのだろうか。この存在の根拠がないことが、実は〈奈落〉でも、〈欠損〉でもなく、いや、それを〈奈落〉と言っても、〈欠損〉と言っても構わないのだが、その根拠なき生、奈落を強いられる苦悩が、わたしにとって同時に快楽でもあり、生きる〈力〉でもある、ということが次第に解ってきた。

先にわたしは漱石の〈則天去私〉に準ずるものは、《佐藤泰正にとっては、絶対的な〈唯一神〉への信仰なのだろうか。》としゃらくさいことを書いた。しかし、彼がそんじょそこらのクリスチャンと違うところは、漱石の『文学論』中の宗教観《神は人間の原形なりと云ふ聖書の言は却つて人間は神の原形なりと改むべきなり》ということばを引いて、以下のように述べられるところに、よく出ている。すなわち、《然しここに見るべきは、神の存在の否定ならぬ、この背後にひびく作家の凛たる覚悟の声であろう。この矛盾に満ちた、人生をいかに生き抜くか。神の審きとか、救済という安易な概念は持ち出さず、人間の確たる意識そのものの力によって、いかに生き抜くかという覚悟であろう。》という考えだ。佐藤泰正の場合、文学の〈力〉とは、この《人間の確たる意識そのものの力》《いかに生き抜くかという覚悟》を離れてはありえなかった。

複数の力

ところで、文学に〈力〉があるとして、この〈力〉を〈権力〉という意味で考えれば、文学は〈権力〉からは遠い存在だ、と言えなくもない。もっとも、ここで〈権力〉ということばを出したのは、政治的文脈で、つまり、〈政治権力〉という意味なのだが、政治権力の強権に対して、文学は無力だ、むしろ、この無力さこそに文学の存在根拠がある、という考えは、今日、広い支持を得ているだろう。そこで文学の力は、政治に対する無力さのなかにこそ潜んでいるという論理になる。政治と文学という、二分法的、二元論的対立の図式がそこに生まれてくる。しかし、政治はどんなに強権であっても、人間の存在の部分にしか働きかけてこない。政治権力も〈力〉である。人間の持つ〈力〉のひとつとして、他の諸力との関係の中にしかない。しかし文学の〈力〉は、人間の持つすべての〈力〉を統合する、あるいは拡散する根源的な〈力〉だ。文学の〈力〉を〈権力〉と同じレベルで、対抗的に見るのではなく、その他の諸力との関係において、それは文学の〈力〉に関与していると見なければならないだろう。文学の〈力〉が統合している、人間の生活存在が持っている〈力〉の概念を、思いつくままにあげれば、能力、表現力（写生・空想・虚構・構成・省略・飛躍・連想・レトリック）想像力、変身力、生成力、遊戯力、演技力、現実体感力、持続力、精力、親和力、知力、翻訳力、体力、コミュニケーションスキル、このスキルは技術（力）のことだ。生命力、原動力、精神力、支配力、統治力、生活力、労働力、経済力、軍事力、競争力、生産力、学力、思考力、免疫力、暴力、破壊力……。

つまり人間が持っている諸力には、愛する〈力〉も、憎む〈力〉も、蔑視する〈力〉も、たたかう〈力〉も、たたかわない〈力〉も、〈革命〉する〈力〉も、反革命する〈力〉も、共同（協働）する〈力〉も、孤立する〈力〉も、犯す〈力〉も、拒む〈力〉も、走る〈力〉も、歩く〈力〉も、坐る〈力〉も、立つ〈力〉も、跳び上がる〈力〉も、泳ぐ〈力〉も、潜る〈力〉も、溺れる〈力〉も、漕ぐ〈力〉も、ぶら下がる〈力〉も、性交する〈力〉も、禁欲する〈力〉も、産む〈力〉も、産まれる〈力〉も、育てる〈力〉も、見捨てる〈力〉も、逃げる〈力〉も、転ぶ〈力〉も、沈黙する〈力〉も、硬直する〈力〉も、抒情する〈力〉も、反抒情する〈力〉も、物語する〈力〉も、要約する〈力〉も、発明する〈力〉も、転換する〈力〉も、逸脱する〈力〉も、食べる〈力〉も、絶食する〈力〉も、飢える〈力〉も、歌う〈力〉も、踊る〈力〉も、演奏する〈力〉も、隠遁する〈力〉も、信仰する〈力〉も、超越する〈力〉も、超越者、絶対者を否定する〈力〉も、独裁する〈力〉も、大量虐殺する〈力〉も、裁く〈力〉も、恐怖に立ち向かう〈力〉も、閉じこもる〈力〉も、感覚する〈力〉も、疎外する〈力〉も、疎外される〈力〉も、平均化する〈力〉も、個性化する〈力〉も、異化する〈力〉も、折り畳む〈力〉も、引き延ばす〈力〉も、統一する〈力〉も、中心化する〈力〉も、拡散する〈力〉も、和合する〈力〉も、分裂する〈力〉も、憧れる〈力〉も、呪う〈力〉も、妬む〈力〉も、祈る〈力〉も、化ける〈力〉も、装う〈力〉も、偽る〈力〉も、泣く〈力〉も、笑う〈力〉も、眠る〈力〉も、覚醒する〈力〉も、病む〈力〉も、衰弱する〈力〉も、服従する〈力〉も、組織する〈力〉も、転向する〈力〉も、道化を演戯する〈力〉も、威張る〈力〉も、媚びる〈力〉も、支援する〈力〉も、助けられたくない〈力〉も、自立する〈力〉も、富める〈力〉も、隠遁する〈力〉も、夢見る〈力〉も、幻覚を見る〈力〉も、自殺する〈力〉も、蘇生する力も、喋る〈力〉も、無言の〈力〉も、破滅する〈力〉も……ある。文学はこれらの力を統合し、部分として、モティーフとして、テーマとして、内在化し生かすところにある。これらの諸力すべての働きに、肯定否定の先験的なこだわりなしに、つまり自由に関わることができるのは文学・芸術だけだろう。

わたしは先にあげた複数の〈力〉の概念を、最初はシュルリアリストの自働記述の方法にならって、相当なスピードで、思いつくままに書きとめてみた。いわゆる〈理性〉の〈力〉が働いていないところで、どれだけ〈力〉の概念を思い起こせるかの実験のつもりだった。従って序列もいい加減なら、同じ〈力〉、よく似た〈力〉の概念を、繰返し記述するいい加減さも生まれたことは言うまでもない。それでもまだ、すべての〈力〉を網羅していないし、おそらくそれは不可能なことだろう。ただ、わたしは思いつきという、無自覚な〈力〉の場に立ってみたかったのだ。単純な思いつきの羅列、変化に乏しい平板な文体になることを厭わないで、次々に思い起こしていく〈力〉の概念を記述する行為に身を投じる。それは詩を書く行為に似た経験だった。もとより、記述後にチェックして、同一の〈力〉の概念を、繰り返して記述していないかを推敲して修正し、ある程度整理したが、まだ、いくらか残っているかも知れない。それは自働記述という無意識の〈力〉の臨場感を保存するために、そのままにしておいてもいいだろう。

動力機械

文学の〈力〉とは、先にランダムにあげた〈力〉の総和、作者が必ずしも意識しない、あるいは見えない複数の〈力〉の抗い、せめぎ合い、そして親和によって可能になるのではないか。そこに一人の作者、詩人の人生経験、思想を超える創造の契機がある。先の三角形にたとえれば、作者の立つ位置は、外された底辺にある。作者は蠅一匹殺せないのに、作品の中では何人もの無実な人間を殺すことができる。逆に作者の分身は、戦場で一人の敵兵も殺せないのに、見逃してやった敵兵に、無惨に射殺される。おのれの限られた経験や認識の場を超える、人間の存在の根源が可能にする無際限な諸力の作用は、底辺のない未完結の三角形にしか働かない。そこにみずからの創造への欲望、〈力〉の意志を委ねるほかないのである。

かつてわたしは萩原朔太郎の詩や、〈詩の原理〉の解明に、自分の〈力〉を傾けていたことがあった（『萩原朔太郎〈詩の原理〉論』、『萩原朔太郎〈言語革命〉論』（いずれも筑摩書房））。その時に、今日まで朔太郎の代表作という評価を与えられてはいないが、もっと注目されていい、幾つかの作品があることに気づいた。その一つが「軍隊―通行する軍隊の印象」だ。しかし、これは詩集『青猫』の最後に、全体の作品系列から孤立した扱いを受けて収められている。しかも、この作品は作者自身からも、《最期の一篇『軍隊』は、私として不愉快だつたから削るつもりだつた》（「『青猫』追記」）とさえ書かれる始末だ。朔太郎はこの自作のどこが不愉快だったのだろうか。

この重量のある機械は
地面をどつしりと圧へつける
地面は強く踏みつけられ
反動し
濛濛とする埃をたてる。
この日中を通つてゐる
巨重の逞しい機械を見よ
黝鉄の油ぎつた
ものすごい頑固な巨体だ
地面をどつしりと圧へつける

巨きな集団の動力機械だ。
　づしり、づしり、ばたり、ばたり
　ざつく、ざつく、ざつく、ざつく。

この凶逞な機械の行くところ
どこでも風景は褪色し
黄色くなり
日は空に沈鬱して
意志は重たく圧倒される。
づしり、づしり、ばたり、ばたり
お一、二、お一、二。

お　この重圧する
おほきなまつ黒の集団
波の押しかへしてくるやうに
重油の濁つた流れの中を
熱した銃身の列が通る

無数の疲れた顔が通る。
ざつく、ざつく、ざつく、ざつく
お一、二、お一、二。

（「軍隊」全六連のうち第一連〜第三連）

この作品が書かれた初出は、「日本詩人」大正十一年三月号だ。スペースを取るので前半しか引用してないが、作品が露出させている、朔太郎自身さえ不愉快にさせる、不気味な力の露出が、作者の意識を超えていることは十分に感じ取れるだろう。日本政府がロシア革命（大正六年＝一九一七年）の影響を怖れて、治安立法を構想し始めたのは、大正九年、十年頃からだ、と言われる。後の戦時体制への準備として、治安維持法（昭和十六年）の制定に至る昭和時代に比べれば、この作品が書かれた大正時代は、まだ自由な雰囲気があった。

しかし、大日本帝国の軍隊を、後の戦争詩、愛国詩がこぞってしたように賛美の対象ではなく、客観的な暴力機械としてうたうことは、作者の内部に潜んでいる制度意識のタブーに触れることだったに違いない。大正六年の詩の歴史を変えた抒情詩集『月に吠える』さえ、初版刊行時には、風俗壊乱の理由で、内務省から発行禁止の内達を受けている。そこで「愛隣」「恋を恋する人」の二篇を削除して、ようやく刊行が可能になった。この処置に対して、朔太郎は直ちに「風俗壊乱の詩とは何ぞ」という抗議文を、「上毛新聞」（大正六年二月二十五、六日）に発表している。ロシア革命をめぐる、帝国主義諸国の複雑な政治的抗争、それに規定されるわが国家権力の検閲の力と、それに抗する朔太郎の詩の自由の力が、ここで正面から衝突した、ということだろう。いわば内務省から言えば、朔太郎は国家権力に歯向かう〈前科者〉として監視の対象であり、同人雑誌「日本詩人」に発表することはともかく、詩集『青猫』に収めることに、朔太郎が検閲の眼を感じて、ためらったのは理解できる。近い過去に、前例があるが故に、「軍隊」を収めれば、『青猫』もまた、内務省の検閲に触れるのではないかを朔太郎は危ぶんだ、と見ていい。発表時には室生犀星や佐藤春夫らに激賞されているのだから、それ以外に、朔太郎がためらう理由はなかったはずだ。

まず、この詩では大日本帝国軍隊が、眼の前を通行する舞台設定がなされている。そこには詩集『青猫』全体の支配的な傾向が、フランスから輸入された、近代を表象する憂鬱や怠惰なノスタルジア、性的な倒錯願望を含んだ官能的なエロティシズム、ことばのシンフォニーを実現しようとする、いわゆる《青猫スタイル》などであるとすれば、それらは「軍隊」からきれいに消されている。そして、この作品の象徴的イメージとしての大きな特徴となっているものは、軍隊が無機的な《巨きな集団の動力機械》という、客体としての姿を現していることだ。軍隊は警察機構と並んで、最も直接的な国家意志を体現する暴力機構である。それが日本の近代詩の歴史の中で、これほど客観的な黝鉄の重量として描かれたことはない。一人一人の兵隊、あるいは集団としての軍隊を描写するリアリズムの文体ではない。また、主観的な、あるいはイデオロギー的な被抑圧の感情を、軍隊批判としてアッピールするプロレタリア詩、あるいは左翼の詩のような傾向詩でもない。

「軍隊」は重量のあるマスとして、地面をおさえつけ、踏みつけ、その反動である濛々たる埃をあげて行進する、巨きな《真っ黒な》塊の《動力機械》として出現させられたのである。しかも、沈鬱で重苦しいイメージでありながら、リズミカルで音楽的だ。それは《重量のある機械》や《地面をどつしりと圧えつける》などの語句やその同義語の繰り返しとして現れているが、オノマトペアの《づしり》や《ざつく》の同一の三語の反復のリズムがそれを強めている。イメージの重苦しさが、リズムの軽快さによって運ばれている、と見ることもできよう。

朔太郎は軍隊をなぜこのような《動力機械》のメタファーとして、抽象することが可能だったのか。彼が実際に《通行する軍隊》を見たか、その他の似た経験をした時に、内部の無意識のなかに沈んでいた憂鬱な心情、危機感、恐怖感、焦燥などが渦巻いて、一つのイメージに結晶する力の意志となった、とでも思うほかない。それは近代日本の軍隊が、他国との植民地争奪のための帝国主義戦争を勝ち抜き、あるいは自国の内乱を未然に制するために、厳しい訓練を科し、天皇への絶対的な信仰と忠誠・服従を強いる一枚岩の組織だったことを認識していたかどうか、とは別のことだ。表現の力は認識の力とぶつかったり、補い合ったりすることはあっても、必ず認識の限界を超える力だからだ。この《頑固な巨体》《凶暴な機械》《重油の濁つた流れ》の行くところ、風景は色あせ、空気は黄ばみ、生活する人々の欲望も、力の意志も踏みにじられ、圧倒される。この表現を可能にするものこそ、三角形の底辺を外されて、未知のヴィジョンに赴くしかない詩の力、文学の力だろう。

朔太郎はこの作品の十六年後に勃発する、大東亜戦争を予感し、予言するようにして、この作品を書いたのではない。朔太郎すら思いがけない、内から湧き出る力の意志が、彼を突き動かし、みずからが依拠している〈抒情機械〉を打ち砕いて、《巨きな集団の動力機械》に拮抗する力の意志となることによって、国家の暴力意志を体現する〈軍隊〉を出現させたのだ。《づしり、づしり、ばたり、ばたり／ざつく、ざつく・ざつく》というオノマトペアは、兵隊の行進の音であるが、語り手の力の意志と交信する、無数の動力機械の意志との合唱のようにも聞こえてくる。ここに文学の力、詩の力の結晶があると言っていいだろう。

後註・長い間、佐藤泰正先生を、先生という敬称で呼び習わしてきたが、お亡くなりになったあと、すでに二年が経過し、文芸評論の形で書くものに、なお先生の敬称をつけることに違和感が生まれてきたし、先生からも叱られそうな気がするので、この文章では、敢えて先生の敬称を省かせていただいた。

中野新治

宮沢賢治の〈tropical war song〉

一、

一九二三（大12）・八・三の日付を持つ「オホーツク挽歌」の後半部に、次のような一節がある。

ここから今朝舟が滑つて行つたのだ
砂に刻まれたその船底の痕と
巨きな横の台木のくぼみ
それはひとつの曲つた十字架だ
幾本かの小さな木片で

HELL と書きそれを LOVE となほし
ひとつの十字架をたてることは
よくたれでもがやる技術なので
とし子がそれをならべたとき
わたくしはつめたくわらつた
（貝がひときれ砂にうづもれ白いそのふちばかり出てゐる）
やうやく乾いたばかりのこまかな砂が
この十字架の刻みのなかをながれ
いまはもうどんどん流れてゐる
海がこんなに青いのに
わたくしがまだとし子のことを考へてゐると
なぜおまへはそんなにひとりばかりの妹を
悼んでゐるかと遠いひとびとの表情が言ひ
またわたくしのなかでいふ

前年十一月の妹トシの死の衝撃から立ち直れないまま、この時、賢治は樺太（サハリン）に旅していた。教え子の就職斡旋のためやって来た栄浜の、人気のないオホーツクの海岸が詩の舞台となっている。ハマナスの青い花や波うち際の白い貝殻を見ながら、また、亡き妹のことを思っているのだが、特に、偶然砂浜に現われた十字架のイメージによって、かつて妹が岸辺でやった、遊びのような木片の並べ換えが思い出されている。この、木片で作った文字「HELL」を「LOVE と直す」とは、どんな行為なのだろうか。

小さな木片で字を形取るとすれば、それに必要な本数は次のようになる。H（3）、E（4）、L（2）、L（2）＝11。L（2）、O（□とする）（4）、V（2）、E（4）＝12。このように行うとすれば、HELLが11本必要であるに対して、LOVEは12本となり、本数が一致しない。この遊びの眼目は、「HELL（地獄）」が並べ換えによって「LOVE（愛）」の世界に転換される所にあるのだから、本数の不一致は許されないはずである。そうだとすれば、少し不自然でも「O」は四本必要な□ではなく、三本の▽にするしかないことになる。この遊びに不案内な筆者にはこう推察するより他ないのだが、賢治はここで、かつて妹とこんな遊びのようなことをし、その余りに都合のいい、〈転換〉を冷たく笑って受け流したことを思い起しているのである。

詩はこの後、「玉髄の雲」に向って鳴きながら飛ぶ鳥や、丘陵に咲くやなぎらんの花、青い草地、黒緑のとど松の列に目を移す「わたくし」を描写し、「ナモサダルマプフンダリカサスートラ」という「南無妙法蓮華経」を意味する「偈」が二度唱えられて終る。この偈は心を静めるために唱えられたのであろうが、実際には八日後の「八・一一」の日付を持つ「噴火湾」で、さらに強くトシのことが想起されているのを見れば、賢治の傷心はいかにも深いものだったことが解るのである。

しかし、そうではあっても、ここに示された〈転換〉のエピソードは、見過すことのできない重みを持っているのではあるまいか。

つまり、前見の木片の〈並べ換え〉こそが賢治の創作行為の本質を示しているということであり、彼の生きる岩手のHELL（地獄）的諸相は、それによってLOVE（愛）の世界へと転換されたということある。もちろんそれは、遊戯としては可能でも、現実には不可能な転換であり、賢治自身、遊びにさえ「つめたくわら」う反応しか起さなかったのだ。だが、周知の「注文の多い料理店」広告文に宣言されているように、岩手県の現実は「ドリームランドとしての日本岩手県」＝「イーハトヴ」に〈転換〉される。

　イーハトヴは一つの地名である。強て、その地点を求むるならばそれは、大小クラウスたちの耕してゐた、野原や、少女アリスガ《ママ》辿つた鏡の国と同じ世界の中、テパーンタール砂漠の遥かな北東、イヴ《ママ》ン王国の遠い東と考へられる。実にこれは著者の心象中に、この様な状景をもつて実在したドリームランドとしての日本岩手県である。（○点原文）

想像力による心象世界の中でのこととはいえ、それがアンデルセン（「小クラウスと大クラウス」）、ルイス・キャロル（「鏡の国のアリス」）、タゴール（「テパーンタール砂漠」＝その詩集『新月』に登場）、トルストイ（「イワンの馬鹿」）等の作品世界に匹敵すること、また、舞台となる国々の北東や東、つまり極東に位置する日本での創造であることの強調が注目される。事実、「ドリームランドとしての日本岩手県である」の部分は、わざわざ赤字で印刷されているのである。

かくして、先に見た、木片で書かれるLOVEの中の「O」の文字が、▽ではなく、□で示されたとすれば、そのために加えられねばならない一本とは、そのまま賢治の手にする一本のペンであったと言うことができるだろう。青春期の疾風怒涛の時代を、家出出奔を経ての帰郷で終え、学校教員の職を得た賢治は、明白な帰郷宣言として、また、自己が表現者として立つ宣言として、一本のペンによる〈転換〉を表明したのである。トシの死に関していえば、そのHELLのような心情は、「銀河鉄道の夜」の主人公の「ほんたうの幸い」を捜すLOVEの旅の経験に〈転換〉されたのである。

しかし、賢治の場合、事情は簡単ではない。「オホーツク挽歌」に示された〈つめたい笑い〉は常に彼の中に留り続けたと考えねばならない。世界の〈ドリームランド化〉は陶酔なしには果されないが、賢治は一方で、常に〈つめたい笑い〉＝覚醒の中に住んでいた。「銀河鉄道の夜」で、友人のために命を捨てたカムパネルラが「ほんたうの幸い」について「僕、わからない」とつぶやく場面は、その典型である。〈転換〉に際して常に保持される〈陶酔〉と〈覚醒〉こそ、賢治における〈文学の力〉を産み出すものであった。以下、具体的に見て行きたい。

二、

前見のように、賢治の表象世界にあっては岩手は〈イーハトーブ〉に転換され、仙台は「センダード」に、花巻は「ハームキヤ」となる。地名の西欧化というよりも、エスペラント語を学んだ賢治には、普遍化、世界化が意識されていたと言えるだろう。エスペラント語を考案したのはザメンホフであるが、ヨーロッパの中心をはずれたポーランド（当時はロシア領）に生まれ、かつユダヤ人であったザメンホフは、領土や民族を超えた〈世界言語〉を創ることで、人間が言語によって現実の諸条件に縛られることからの解放を夢見たに違いない。Esperantoとは「希望を持つ者」を意味するのである。同じく周縁に位置する岩手と、東北弁の中で生きた賢治が、その厳しい生の条件を超越する希望の世界として「イーハトーヴ」は造られたのではなかったか。

しかし、〈転換〉は常にこのように上昇的に行なわれるわけではない。仮に彼の想像力が天秤であるとすれば、暗く重いものは持ち上げられ、明るく快いものは逆に引き下げられるのである。ここでは後者の例を見てみていくこととする。

そらの散乱反射《さんらんはんしや》のなかに
古ぼけて黒くえぐるもの
ひかりの微塵系列《みぢんけいれつ》の底に

きたなくしろく澱《よど》むもの

（「岩手山」）

仰ぎ見られるべき岩手富士・岩手山が、ここでは見おろされている。故郷の先輩石川啄木が「ふるさとの山に向ひて／言ふことなし／ふるさとの山はありがたきかな」と歌い上げた心情は、どこにも見出すことができない。賢治自身、登山を重ね、数々の詩にも登場する故郷の秀峰は、ここでは気圏の底にきたなく澱むものとして、また、空間をえぐり取るものとして位置づけられている。天秤は明らかに下げられているのだが、それを可能にしたものは高く広大な鳥瞰的視点である。常人では決して持ちえないこの視点があればこそ、この表現は成り立っているのだ。それは、庭に置かれた石の窪みの水たまりに居るボーフラ（蠕《ぜん》虫）の動きを踊り子に見立てた「蠕虫舞手《アンネリダタンツエーリン》」と、対極にあるものと言うことができる。誰もが顧みるはずもないボーフラへの讃歌であるこの詩（それを虫瞰的視点の所産と呼んでも良い）と、「岩手山」を対として見ることができれば、賢治の〈転換〉の本質が浮び上って来るはずである。

この「鳥瞰的視点」は、さらに次のような表現を生むことになる。

こぶしの咲き
きれぎれに雲のとぶ
この巨きなまこ山のはてに

紅い一つの擦り傷がある
それがわたくしも花壇をつくつてゐる
花巻温泉の遊園地なのだ

（〔こぶしの咲き〕）

ここでは、花巻温泉の開発のため造られた遊園地が、「紅い一つの擦り傷」と見なされている。昭和二年、温泉遊園地北側に大きな花壇を作ることを依頼された賢治は設計を開始した。教え子で園に勤務している冨手一《はじめ》あての四月の二通の手紙では、植えるべき花の三十八種にも及ぶ一覧表を付し、植え方、手入れの方法、土地改良法など、微に入り細に入り、指示を出している。大きな喜びと共に設計に取りかかったことは明らかであり、「南斜花壇トデモゴ命名願ヒマス」とみずから名前まで付けているのに、なぜこの花壇のある遊園地を大地の「擦り傷」と表現せねばならなかったのか。この疑問を解く鍵が次の詩にある。

夜のあひだに吹き寄せられた黒雲が、
山地を登る日に焼けて、
凄まじくも暗い朝になった
今日の遊園地の設計には、
あの悪魔ふうした雲のへりの、

鼠と赤をつかってやらう、
口をひらいた魚のかたちのアンテリナムか
いやしいハーデイフロックス
さういふものを使ってやらう
食ふものもないこの県で
百万からの金も入れ
結局魔窟を拵えあげる、
そこにはふさふ色調である

（「悪意」）

一九二七（昭2）・四・八の日付があるので、この詩は花壇造りの最中で書かれたことが解る。アンテリナム（金魚草）やハーデイフロックス（草夾竹桃）が、詩に言われるほどの醜悪さを持っているとも思えないが、大金を投入して行なわれている温泉地開発を「結局魔窟を拵えあげる」行為としか思えなかった賢治は、善意ではなく「悪意」を持って、花を選ぶ、と言うのである。

地元の金融界、経済界の中心人物であった金田一国士《くにお》（盛岡銀行頭取、岩手軽便鉄道社長）によって創設された花巻温泉・遊園地は、昭和二年に「大阪毎日新聞」と「東京日日新聞」が行なった「日本新八景コンテスト」で二百万票を集め全国一位となった。当時の「花巻温泉案内」には、「公衆浴場」「遊戯場」「撞球室」「ピンポン室」「郷土考古館」「動物園」「植物園」「スキー場」「ゴルフ場」「講演場」

「テニスコート」「グラウンド」「遊園地」「水泳場」「釣堀」「登山遊歩道」「花壇」（千二百余坪より成る南斜花壇及ダリヤ花壇と別荘地に点々数ヶの花壇あり）等々と記されており、(1)賢治の仕事も取り込まれている。

この一般大衆から高い評価を得ていた一大レジャー施設を、賢治は悪意を持ってながめている、ということになる。

そこには、花壇設計というこの上ない創造的行為が、温泉歓楽地という、消費されるために存在する場所に吸収される矛盾に耐え得ない賢治がいるのかも知れない。また、前年から羅須《らす》地人協会の活動に専念し、教師時代以上に農民の窮状を知った者として、世を救うためでなく、利益のために使われる大金や、結局そこに送り込まれる貧者の娘たちの苦難を思う故の感情なのかも知れない。ともあれ、歓迎されるべき花巻の発展を、賢治は「紅い一つの擦り傷」に転換したのである。しかも、その「擦り傷」造りには自分自身も参加しているのだから、批判の矢は自己にも向けられているのだ。

このような〈陶酔〉と〈覚醒〉のせめぎ合いは、彼の表象世界に、或る解りにくさをもたらすことになる。

例えば、「銀河鉄道の夜」で、ジョバンニが知らないうちに持っていた不可解な紙切れを見た「鳥捕り」は、次のように言う。

「おや、こいつは大したもんですぜ。こいつはもう、ほんたうの天上へさへ行ける切符だ。天上どこぢゃない、どこでも勝手にあるける通行券です。こいつをお持ちになれぁ、なるほど、こんな不完全な幻想第四次の銀河鉄道なんか、どこまでも行ける筈《はず》でさあ、あなた方大したもんですね。」

ここでは、物語の登場人物（鳥捕り）が、物語の舞台である死後の世界を走る鉄道を「不完全な幻想第四次」空間として否定的に捉えているのである。語り手が登場人物を評価するのは常道であるが、登場人物自身が語られている世界（幻想第四次空間）を「銀河鉄道なんか」と評するのは異数のことと言わねばならない。ここには、自己に与えられた〈書く〉という陶酔の世界さえ相対化する作者の醒めた目がある。「ほんたうの天上へさへ行ける切符」を持つことが、「法華行者」としての精進の道を進むことを示しているとすれば、執筆によって、「幻想第四次」空間の中で「あらゆることが可能」（『注文の多い料理店』広告文）でも、それは安易な「不完全な」行為でしかないのだ。

賢治は「小岩井農場　パート九」で、農場への道を自分と一緒に同行している天人たちの幻を描いている。「ユリア、ペムペル、わたくしの遠いともだちよ／わたくしはずゐぶんしばらくぶりで／きみたちの巨《おほ》きなまつ白なすあしを見た／どんなにわたくしはきみたちの昔の足あとを／白堊《はくあ》系の頁《けつ》岩の古い海岸にもとめただらう」「きみたちとけふあふことができたので／わたくしはこの巨きな旅のなかの一つづりから／血みどろになつて遁《に》げなくてもいいのです」と親愛を持って表現したあと、自己の幻視を正面から否定して、次のように続ける。

もう決定した　そつちへ行くな／これらはみんなただしくない／いま疲れてかたちを更《か》へたおまへの信仰から／発散して酸えたひかりの澱だ／（中略）さあはつきり眼をあいてたれにも見え／明確に物理学の法則にしたがふ／これら実在の現象のなかから／あたらしくまつすぐに起て

こうして、信仰的幻想さえ、容赦なくしりぞけられる。賢治にあっては、内心の自由の唯一許容される場である表象の世界は、常に現実の世界から問われ続けるのだ。これが、その作品を単なる「童話」や「ファンタジー」に終らせなかった最大の理由であったに違いない。しかし、それはすでに見たように、物語に、何か不明瞭な亀裂を与えることになる。ここで、「銀河鉄道の夜」以外の作品でそれを確認してみたい。

①「お前たちは何をしてゐるか。そんなことで地理も歴史も要つたはなしでない。やめてしまへ。えい。解散を命ずる」
かうして事務所は廃止になりました。
ぼくは半分獅子に同感です。（傍点引用者　以下同じ）　（「猫の事務所」）

②「まあ、よかつたねやせたねえ。」みんなはしづかにそばにより、鎖と銅をはづしてやつた。
「ああ、ありがたう。ほんとにぼくは助かつたよ。」白象はさびしくわらつてさう云つた。
おや、〔一字不明〕、川へはひつちやいけないつたら。

（「オツベルと象」）

③けれども日本では狐けんといふものもあって狐は猟師に負け猟師は旦那に負けるときまってゐる。こゝでは熊は小十郎にやられ小十郎が旦那にやられる。旦那は町のみんなの中にゐるからなかなか熊に食はれない。けれどもこんないやなづるいやつらは世界がだんだん進歩するとひとりで消えてなくなって行く。僕はしばらくの間でもあんな立派な小十郎が二度とつらも見たくないやうないやなやつにうまくやられることを書いたのが実にしゃくにさわってたまらない。

（「なめとこ山の熊」）

①の「猫の事務所」では、身も心も弱い事務員「竈《かま》猫」が、事務長の黒猫をはじめ、同僚の白猫、虎猫、三毛猫からいじめられ、居場所を失って行く姿が描かれる。最後には泣くことしかできなくなるのだが、そこに突然「いかめしい」「金いろの頭」をした獅子が乗り込んで来て、引用したような命令を下したことで物語は突然終る。事務所で行なわれている愚かないじめを察した獅子は、職員たちに働く資格はないと判断したのである。この作品には「寓話」というただし書きが付いているから、明らかに人間の愚行を強く批判した内容になっているのだが、なぜ作者は、わざわざ語り手（ぼく）を最後に登場させ、「半分獅子に同感」することを表明させたのだろうか。残りの「半

分」で、獅子の判断を疑問視するのであれば、それまで語られて来た内容の持つ風刺の力も半減する他はないのに、このように作品は締めくくられるのである。
②は、オツベルという悪辣な事業主に上手くあしらわれ、都合よく苛酷な労働に従事させられた「白象」が、仲間の象たちに救出される物語である。オツベルは銃まで撃って抵抗するが、象の大群にかなうはずもなく、最後には「くしやくしやに潰れ」て死ぬことになる。物語は「ある牛飼ひがものがたる」という形を取っており、第一、第二、第五日曜の三回に分かれているので、牛飼いは、休日の日曜日に子ども達を集めてこの物語を聞かせたのかも知れない。第一、第二日曜日には「オツベルときたら大したものだ」と語り始められ、第五日曜日には「オツベルかね、おれも云はうとしてたんだが、居なくなつたよ。まあ落ちついてききたまへ」と語り出され、牛飼いの見聞した臨場感が強調されているのである。
そうだとしても、「『ああ、ありがたう。ほんとにぼくは助かつたよ。』白象はさびしくわらつてさう云つた。」で終っても、十分に作品のメッセージは伝わるのに、なぜ、傍点部が付け加えられたのだろうか。牛飼いの話を聞くのに飽きた子どもが、川の方へ遊びに行こうとしたのをとがめた、とも考えられるが、なぜその描写までが物語の中に含まれるのか。
③の「なめとこ山の熊」では、語り手は一貫して主人公の小十郎に寄り添い、彼の行動や心情をていねいに伝えている。それは小十郎の死という最終の場面でクライマックスを迎え、読者は語り手と共にその死を悼むこととなるのである。

しかし、いくら小十郎の立場に立つとはいえ、傍点部にあるように、世の不条理を具体的に語りながら、それを書き記すことを「しゃくにさわってたまらない」と、語り手みずからの感情が表明されるのは尋常ではない。「狐けん」が実際には現実で成立せず、商売人の旦那がぬくぬくと生きていることを批判するのであれば、努めて冷静に語るべきなのである。

　こうして見てくれば、もはや事情は明らかであろう。執筆することが、自己の生の全領域に対する意識の記録であるとすれば、賢治にあっては、その執筆する行為そのものさえ検証されたということである。「銀河鉄道の夜」に於ける「死後の世界」という未知の幻想世界を描くことは、ついに未完に終っている。たび重なる改稿によっても、自己検証の強い視線は物語を完成させなかった。「ほんたうの幸い」の内実は、不明のままで終ったのである。「猫の事務所」の獅子、「オツベルと象」の象の大群という救済者は、その強大な力によって弱者を救いはするが、そのような甘い結末を書き記した自己そのものが、最後の語りによって批判的に記録されたと考えることができる。物語世界をいくら都合よく完結しても、現実の苦難は少しも動かないからだ。物語の造形は体のいい自己慰安ではないか、と賢治は自己に問い返すのである。この意味では、「なめとこ山の熊」の語り手（僕）のいら立ちは、書くことの無力を知っている賢治にしか表現しえないものであったのかも知れない。

　かくして、一本のペンによる〈転換〉とは、〈陶酔〉と〈覚醒〉のせめぎ合いによって、表現という天秤を常に平衡に保とうとする、強い意志によって行なわれる作業であったことが理解できるであろう。LOVE（愛）の本質が「感情」ではなく「意志」であるとすれば、HELL（地獄）の全現実をたじろぐことなく受容することが、常に求められたのである。

三、

農学校教師であった賢治は、厳しい自然を相手にして働くことになる生徒のために、若い生命の力を燃やすような歌曲を幾つも作っている。例えば「日ハ君臨シカガヤキハ／白金ノアメソソギタリ」と始まる「精神歌」は、現在も花巻農業高校で愛唱されている。そのような歌曲の一つに「応援歌（「種山ヶ原の夜」の歌（二））」と題されたものがある。

Balcoc Bararage Brando Brando Brando
Lahmetingri calrakkanno sanno sanno
Lahmetingri Lamessanno kanno kanno
Dal-dal pietro dal-dal piero
正しいねがひはまことのちから
すすめ　すすめ　すすめ　やぶれ　かてよ

歌曲であるから楽譜も付けられており、実際に当時、生徒と共に歌ったのであろう。楽譜では、英字表記は「バルコク　バララゲ　ブランドブランド　ブランド……」と片仮名に改められ、歌い易いように配慮されているが「ダルダル　ピイトロ　ダルダル　ピイロ」までの前半部の意味が不明であることに変りはない。「応援歌」であれば、もっと伝えるべき具体的なメッセージがあっていいのに、なぜ、賢治はこのような不思議な表記を創作したのだろうか。

この問いに答えるための鍵は、曲名の下にもう一つのカッコ付きで添えられている（a tropical war song modified）という表現にあるように思われる。直訳すれば、「修飾された熱帯の戦いの歌」となる。「modified」という言葉は、「mental sketch modified」という形でよく使われており、作品の内容が「mental sketch（心象スケッチ）」よりも高いレベルで整えられたものであることの断り書きになっているのだが、ここでは、「熱帯の戦いの歌」をより美しく修飾した、と注されていることになる。

しかし、「熱帯の戦い」とは何か。東北は熱帯ではないのだから、その内容は依然として不明である。とすれば、「tropical」の意味を他に探す他はない。ここではそれを、象徴的表現と見て、「情熱的な」「激しい」「灼熱の」等の意味と考え、以下、「灼熱の」を採用することとする。

では、「tropical war song」が〈灼熱の戦いの歌〉を意味し、「正しいねがひはまことのちから／すすめ　すすめ　やぶれ　かてよ」がその熱い戦いを持続するための激励の言葉であるとして、「まことのちから」を与える「正しいねがひ」とは何か。前半の内容が意味不明の呪文（？）の如きものである以上、この文言を検証する他はない。今、想起されるのは、賢治によって多量に作られた「文語詩」の中の一篇である。

早春

黒雲峡を乱れ飛び　技師ら亜炭の火に寄りぬ
げにもひとびと崇むるは　青きGossan銅の脈
わが索むるはまことのことば
雨の中なる真言なり

これは「冬のスケッチ」と総称される、盛岡高等農林学校時代の試作的な詩を改作して出来たものである。後半部の三行は、賢治の筆跡のまま詩碑となって、旧稗貫《ひえぬき》農学校跡地の公園に建てられている。この草稿にはいくつかの表現のバリエーションがあるが、もっとも長いものは次の通りである。

わがもとむるはまことのことば
雨の中なる真言なり
風とみぞれにちぎれとぶ
かの黒雲のなかを来て
この山峡の停車場の

小さき扉を排すれば
毛布まとへる村人の
褐の炭燃す炉によれり
げに大理石のそれよりも
いよよ望みにうち慾りて
わがもとむるはまことのことば
雨の中なる真言なり

賢治は土性調査のために冬も山野を渉猟し、みぞれ交りの寒い風の中を停車場にたどり着いたと思われる。その待合室には質の悪い炭が焚かれ、村人たちが暖を取っている。その中に居る技師たちは、「大理石」よりもより価値の高い「銅」の鉱脈を求めて集まっていることが、定稿と草稿を併読することで読み取れる。「早春」に言うGossanとは、英語ではiron hat《アイアンハット》（鉄帽）と呼ばれる、鉱床の地上での露頭部を指し、鉱脈を発見する手がかりとなるものである。(2) 待合室でこれだけの事を理解した賢治は、自分が求めているのはそのような現世的価値による欲望の充足ではなく、「まことのことば」すなわち「雨の中なる真言」を獲得することであることを確認するのである。

「早春」の他の異稿には「真言」の部分を「陀羅尼」と書き直した跡が確認できるから、この「真言」とは、すでにみた「ナモサダルマプフンダリカサスートラ」という「偈」ではなく、「法華経陀羅尼品第二十六」に記されている次のような「陀羅尼」そのものであるかも知れない。

そこで、偉大な志を持つ求法者パイシャ＝ラージャは、世尊にこのように語った。
「わたくしたちは、世尊よ、この『正しい教えの白蓮』を、身につけているにせよ、書物にしているにせよ、これを護持する良家の子女たちを保護し防衛し庇護するために、呪文の句を贈りましょう。それは次の通りであります。
アヌェー、マヌェー、マネー、ママネー、チッテー、チャリテー、サメー、サミター、ヴィシャーンテー、ムクテー、ムクタタメー、サメー、アヴィシャヤメー、サマサメー、ジャエー、クシャエー、アクシャエー、アクシネー……（以下略）
（坂本幸雄他訳注　岩波文庫）

もちろん、ここでは「真言」の内容の追求が目的なのではなく、賢治が、現世的価値を大きく超えた宗教的価値の極点まで自己を追い詰めようとしたことが理解できれば良い。しかし、もし、この「雨の中なる真言」という信仰による苦難の甘受を意味する言葉が、右のような「陀羅尼」であるとすれば、あの「tropical war song」の「バルコク　バララゲ、ブランドブランド　ブランド……」の不可思議な文言もまた、同質の「陀羅尼」であり、「正しいねがひ」を現実するために灼熱の戦いのなかにある若者たちを「保護し防衛し庇護するため」の「呪文」であると考えることが可能である。[3]

このように考えてくれれば、この「陀羅尼」があの「銀河鉄道の夜」でジョバンニが天上で聞いた「その語《ことば》が少しもジョバンニの知らない語なのに、その意味はちゃんとわかる」〈原言語〉(4)の、地上での表現とみなせるものであることが理解できるだろう。それは、天上では了解できても、地上では意味不明の「呪文」でしかないが、それゆえに、意味の限界を超えて、すべての者が保持でき、それを我がものとした者は、「まことのちから」を得ることができるのである。

さらに、この〈原言語〉の本質が、セロのような声として聞こえたことに示されているように、意味ではなく調べであり、音楽に近いものであるとすれば、人間以外の世界のあらゆる存在が、この〈原言語〉を奏でていると考えることができる。賢治はそこで奏でられている調べ、すなわち、「林や野はらや鉄道線路」「虹や月あかり」が奏でる〈原言語〉を「もらって」き、それを人間の言葉に転換して、物語としたことになる(『注文の多い料理店』序)。「風の語る言葉」によって「鹿踊りの本当の精神」が物語られる童話「鹿踊りのはじまり」はその最も美しい例であるが、詩にも同例を見出すことができる。

天賦の音楽の才能はあっても、貧しさ故にそれを磨くことのできない教え子を前に、賢治は、パイプオルガンは教会にだけあるのではないことを教えている。

もしも楽器がなかったら
いゝかおまへはおれの弟子なのだ

ちからのかぎり
そらいっぱいの
光でできたパイプオルガンを弾くがいゝ
（「告別」）

空一杯の光からできたパイプオルガンは、おそらく、「バルコク　バララゲ　ブランドブランドブランド……」と鳴ったであろう。それは、未到の「ほんたうの幸い」（「銀河鉄道の夜」）への道を灼熱の下で歩む者への「応援歌」であり、この世がどのように「地獄」的であっても、それを「愛」の世界に変える力を持つのである。

繰り返し見たように、一本のペンを持って書く世界に居るということは、賢治の場合、〈陶酔〉と〈覚醒〉のせめぎ合いの只中に身を置くことに他ならなかった。しかし、それによって賢治文学は、比類のないエネルギーを持つ磁場を獲得したのである。その磁力は、〈意味〉という限界を超えた〈原言語〉の領域にまで及ぶものであった。かくして、賢治文学に親しむ者は、世界全体から tropical war song を聴き取ることが可能となるであろう。この時、読者は、確かに賢治と共に〈陶酔〉の世界に住むことになる。

注

（1）『宮沢賢治イーハトヴ学事典』中の「花巻温泉・遊園地」の記述参照　天沢退二郎他編　弘文堂　平22・12

（2）『宮沢賢治語彙辞典』参照　原子朗　東京書籍　平11・7

（3）このような理解については、すでに瀬尾育生氏の指摘がある。本論は瀬尾氏の卓見に満ちた論考に多くを負うている。『純粋言語論』五柳書院　平24・7

（4）〈原言語〉の詳細については、「『銀河鉄道の夜』初期形―求道者たちの実験―」を参照されたい。『宮沢賢治・童話の読解』翰林書房　平7・3

あとがき

梅光学院大学公開講座論集65集『佐藤泰正先生追悼論集　語り紡ぐべきもの――〈文学の力〉とは何か』をお届けします。

本書は、二〇一五年十一月に逝去された佐藤先生を偲んで、先生が創始された「アルス梅光」の講座論集として編集されたものです。上梓までの経緯をご報告します。

先生が逝去された翌二〇一六年、先生と公私共に深い親交を持っておられた方々にお願いして、先生への思いや、先生の晩年のテーマであった〈文学の力〉について、それぞれの切り口から存分に語っていただくべく、十回にわたる連続講演を梅光学院大学で実施しました。毎回、百名を越える聴衆を得て、熱気あふれる講座となりました。その内容は左記の通りです。

5月28日　騙《かた》る者としての作家―書くこと・生き返ること―　中野新治
6月25日　物騒なフィクション　辻原　登・山城むつみ

7月23日　漱石の力　奥野政元
8月27日　近代日本文学とキリスト教―漱石没後100年、芥川文壇デビュー100年に―　宮坂覺・細川正義
9月24日　佐藤先生の中原中也観について　北川　透
10月22日　矛盾と明るさ―文学、このわけのわからないもの　加藤典洋
11月26日　「西方」の〈梯子〉をめぐって　浅野　洋
12月24日　闘う遠藤周作とその伴走者佐藤泰正―魂の問題　山根道公
1月28日　太平洋に捧げるシェイクスピア　下館和巳
2月25日　長崎の原爆を生きる短詩形の力―山田かん／詩、竹山　広／短歌、松尾あつゆき／俳句を中心に―　田中俊廣

後日、改めて、可能な方に原稿化をお願いし、まとめたものがこの論集となりました。講演内容と一致していないものもありますが、逝去されて三年目に入ったこの時に、こういう形で、先生を追悼し、御魂に献げることができたことを感謝申し上げます。

佐藤泰正先生は、田中俊廣氏の言葉を借りれば〈全身文学者〉でありました（「キリスト教文学」第35号あとがき）。若き日、詩人であった先生は、研究者として世に出られましたが、その歩みは研

究者の枠を超えて熱気あふれるものでした。先生は研究対象たる文学者たちに化身したようにその世界の核心を語り、また、後に続く世代にふいごのように御自身の熱を送られました。梅光学院大学の教え子たちはもちろんのこと、学内外での公開講座に集う方々の心の中にも〈文学の炎〉は点火されて行きました。

長年にわたり、日本キリスト教文学会九州支部が主催して実施して来た「夏期セミナー」では、常に最前列に座り、すべての発表にアドバイスをされ、しめくくりのお話の際には、参加者に沢山の宿題を与え、次の夏も必ず参加したいという強い意欲を起こさせて下さいました。今回の論集には、そのふいごによって自己の文学観を鍛え上げられていったまな弟子たちの論が収められています。また、その鋭いアンテナによって、文学の世界の最前線で活躍されている実作者、批評家を触知され、それによって深い関係を造られた方々の原稿も収められています。一つ一つの論考を味読していただくことで、佐藤先生がその生涯にわたって伝えようとされたメッセージ、「〈文学の力〉とは何か」を受け止めて下されば幸いです。

最後になりましたが、ご多忙の中、快く執筆を引き受けて下さった執筆者の方々に心より御礼申し上げます。本当に、有難うございました。

中野新治

（二〇一八・一一・一三）

執筆者プロフィール

山　根　道　公　（やまね・みちひろ）

1960年生。ノートルダム清心女子大学副学長。著書に『遠藤周作文学全集』（全15巻、新潮社）全巻解題担当、『遠藤周作　その人生と『沈黙』の真実』（朝文社）、『遠藤周作『深い河』を読む—マザー・テレサ、宮沢賢治と響きあう世界』（同）など。

下　館　和　巳　（しもだて・かずみ）

1955年生。東北学院大学教授。シェイクスピア・カンパニー主宰・演出家。著書に『東北のジュリエット』（河北新書出版センター）、『ハムレット。東北に立つ』（国書刊行会）、『東北シェイクスピア脚本集全5巻』（ココ出版）など。

田　中　俊　廣　（たなか・としひろ）

1949年生。詩人。活水女子大学教授（特別専任）。著書に『痛き夢の行方　伊東静雄論』（日本図書センター）、『ことばの遠近法《文学／時代／風土》』（弦書房）、『感性の絵巻・仲町貞子論—作品とその生涯』（編著、長崎新聞社新書）、詩集に『時の波打際』（思潮社）、その他合唱曲の詩「海坂」など。

北　川　　　透　（きたがわ・とおる）

1935年生。梅光学院大学名誉教授。著者に『北村透谷・試論』（全三巻、冬樹社）、『萩原朔太郎〈詩の原理〉論』（筑摩書房）、『詩的レトリック入門』（思湖社）、『谷川俊太郎の世界』（同）、『中原中也論集成』（同）など。

中　野　新　治　（なかの・しんじ）

1947年生。梅光学院大学特任教授。著書に『宮沢賢治・童話の読解』（翰林書房）、共著に『近代日本と北村透谷』（翰林書房）、『キリスト教文学を読む人のために』（世界思想社）など。

山城むつみ（やましろ・むつみ）

1960年生。文芸評論家。著書に『文学のプログラム』（講談社）、『ドストエフスキー』（講談社）、『小林秀雄とその戦争の時』（新潮社）など。

奥野政元（おくの・まさもと）

1945年生。活水学院院長。著書に『中島敦論考』（桜楓社）、『芥川龍之介論』（翰林書房）など。

宮坂　覺（みやさか・さとる）

1944年生。フェリス女学院大学名誉教授（前学長）。編著書に『芥川龍之介　人と作品』（翰林書房）、『芥川龍之介と切支丹物　多声・交差・越境』（同）、監修編書に『芥川龍之介作品論集成』全七巻（翰林書房）、『芥川龍之介全集総索引　付年譜』（岩波書店）など。

加藤典洋（かとう・のりひろ）

1948年生。文芸評論家・早稲田大学名誉教授。著書に『戦後的思考』（講談社）、『言葉の降る日』（岩波書店）、『敗者の想像力』（集英社新書）など。

浅野　洋（あさの・よう）

1947年生。近畿大学名誉教授。著者に『小説の〈顔〉』（翰林書房）、編著・共著に『芥川龍之介を学ぶ人のために』（世界思想社）、『二十世紀の旗手・太宰治』（和泉書院）、『森鷗外を学ぶ人のために』（世界思想社）、『太宰治はがき抄』（翰林書房）など。

佐藤泰正先生略歴

1917（大正　6 年）　　11 月 26 日　山口県厚狭郡山陽町にて出生
1940（昭和 15 年）22 歳　早稲田大学文学部国文科卒業
1940（昭和 15 年）22 歳　山梨英和女学院教諭
1945（昭和 20 年）27 歳　大阪市立西華高等女学校教諭
1945（昭和 20 年）27 歳　梅光女学院着任
1950（昭和 25 年）32 歳　梅光女学院中学部長
1956（昭和 31 年）38 歳　早稲田大学大学院国文研究室委託生
1964（昭和 39 年）45 歳　短大副学長
1967（昭和 42 年）49 歳　大学副学長
1968（昭和 43 年）50 歳　山口県芸術文化振興奨励賞受賞
1971（昭和 46 年）53 歳　大学・短大学長
1971（昭和 46 年）53 歳　大学公開講座開始
1972（昭和 47 年）54 歳　「近代文学・その側面―文学とキリスト教思想との受容相関をめぐる考察」によって早稲田大学より文学博士の学位を授与
1995（平成　6 年）77 歳　短大学長辞任
1997（平成　8 年）79 歳　第 7 回宮沢賢治賞受賞
2000（平成 12 年）82 歳　大学学長辞任　生涯学習センター所長就任
2015（平成 27 年）98 歳　11 月 30 日　虚血性心疾患により逝去

学会及び社会における活動

- 日本キリスト教文学会九州支部長
- 北村透谷研究会理事
- 中原中也記念館運営協議会会長
- 中原中也の会理事
- 中原中也賞選考委員
- 山口市文化振興財団理事

主な著書

『蕪村と近代詩』梅光女学院、1962 年
『近代日本文学とキリスト教・試論』基督教学徒兄弟団、1963 年
『文学と宗教の間』国際日本研究所、1968 年
『日本近代詩とキリスト教』新教出版社、1968 年
『文学その内なる神　日本近代文学一面』桜楓社、1974 年
『近代文学遠望』国文社、1978 年
『夏目漱石論』筑摩書房、1986 年
『佐藤泰正著作集』全 12 巻別巻 1　翰林書房、1994 ― 2003 年
『中原中也という場所』思潮社、2008 年
『文学講義録 これが漱石だ。』櫻の森通信社、2010 年
『文学の力とは何か』翰林書房、2015 年

佐藤泰正先生追悼論集
語り紡ぐべきもの
〈文学の力〉とは何か
梅光学院大学公開講座論集　第65集

2018年3月20日　初版第1刷発行

中野新治
編者

笠間書院装丁室
装丁

モリモト印刷
印刷／製本

有限会社　笠間書院
〒101-0064　東京都千代田区神田猿楽町2-2-3
Tel 03-3295-1331 Fax 03-3294-0996
発行所

ISBN 978-4-305-60266-4 C0395 NDC分類：910.2

佐藤泰正編　笠間書院ライブラリー◆梅光学院公開講座

1 文学における笑い

古代文学と笑い━**山路平四郎**　今昔物語集の笑い━**宮田尚**　芭蕉俳諧における「笑い」━**復本一郎**　「猫」の笑いとその背後にあるもの━**佐藤泰正**　椎名文学における〈笑い〉と〈ユーモア〉━**宮野光男**　天上の笑いと地獄の笑い━**安森敏隆**　中国古典に見る笑い━**白木進**　シェイクスピアと笑い━**後藤武士**　風刺と笑い━**奥山康治**　現代アメリカ文学におけるユダヤ人の歪んだ笑い━**今井夏彦**

60214-8
品　切

2 文学における故郷

民族の魂の故郷━**国分直一**　古代文学における故郷━**岡田喜久男**　源氏物語における望郷の歌━**武原弘**　近代芸術における故郷━**磯田光一**　近代詩と〈故郷〉━**佐藤泰正**　文学における故郷の問題━**早川雅之**　〈故郷〉への想像力━**武田友寿**　椎名文学における〈故郷〉━**宮野光男**　民族の中のことば━**岡野信子**　英語のふるさと━**田中美輝夫**

60215-6
1000円

3 文学における夢

先史古代人の夢━**国分直一**　夢よりもはかなき━**森田兼吉**　夢幻能に見る人間の運命━**池田富蔵**　「今昔物語集」の夢━**高橋貢**　伴善男の夢━**宮田尚**　〈夢〉━**佐藤泰正**　夢と文学━**饗庭孝男**　寺山修司における〈地獄〉の夢━**安森敏隆**　夢と幻視の原点━**水田巌**　エズラ・パウンドの夢の歌━**佐藤幸夫**　キャサリン・マンスフィールドと「子供の夢」━**吉津成久**

50189-9
品　切

4 日本人の表現

和歌における即物的表現と即心的表現━**山路平四郎**　王朝物語の色彩表現━**伊原昭**　「罪と罰」雑感━**桶谷秀昭**　漱石の表現技法と英文学━**矢本貞幹**　芥川の「手巾」に見られる日本人の表現━**向山義彦**　『文章読本』管見━**常岡晃**　九州弁の表現法━**藤原与一**　英語と日本語の表現構造━**村田忠男**　日本人の音楽における特性━**中山敦**

50190-2
1000円

ISBNは頭に978-4-305を付けご利用ください。

佐藤泰正編　笠間書院ライブラリー◆梅光学院公開講座

5

文学における宗教

旧約聖書における文学と宗教**━関根正雄**　キリスト教と文学の接点**━大塚野百合**　エミリー・ブロンテの信仰**━宮川下枝**　セアラの愛**━宮野祥子**　ヘミングウェイと聖書的人間像**━樋口日出雄**　ジョルジュ・ベルナース論**━上総英郎**　ポール・クローデルのみた日本の心**━石進**　『風立ちぬ』の世界**━佐藤泰正**　椎名麟三とキリスト教**━宮野光男**　塚本邦雄における〈神〉の位相**━安森敏隆**

50191-0
1000円

6

文学における時間

先史古代社会における時間**━国分直一**　古代文学における時間**━岡田喜久男**　漱石における時間**━佐藤泰正**　戦後小説の時間**━利沢行夫**　椎名文学における〈時間〉**━宮野光男**　文学における瞬間と持続**━山形和美**　十九世紀イギリス文学における「時間」**━藤田清次**　英語時制の問題点**━加島康司**　ヨハネ福音書における「時」**━峠口新**

50192-9
1000円

7

文学における自然

源氏物語の自然**━武原弘**　源俊頼の自然詠について**━関根慶子**　透谷における「自然」**━平岡敏夫**　漱石における〈自然〉**━佐藤泰正**　中国文学に於ける自然観**━今浜通隆**　ワーズワス・自然・パストラル**━野中涼**　アメリカ文学と自然**━東山正芳**　ヨーロッパ近代演劇と自然主義**━徳永哲**　イプセン作「テーリェ・ヴィーゲン」の海**━中村都史子**

50193-7
1000円

8

文学における風俗

倭人の風俗**━国分直一**　『今昔物語集』の受領たち**━宮田尚**　浮世草子と風俗**━渡辺憲司**　椎名文学における〈風俗〉**━宮野光男**　藤村と芥川の風俗意識に見られる近代日本文学の歩み**━向山義彦**　文学の「場」としての風俗**━磯田光一**　現代アメリカ文学における風俗**━今井夏彦**　風俗への挨拶**━新谷敬三郎**　哲学と昔話**━荒木正見**　ことばと風俗**━村田忠男**

50194-5
1000円

ISBN は頭に 978-4-305 を付けご利用ください。

佐藤泰正編　笠間書院ライブラリー◆梅光学院公開講座

9　文学における空間

魏志倭人伝の方位観━**国分直一**　はるかな空間への憧憬と詠歌━**岩崎禮太郎**　漱石における空間―序説━**佐藤泰正**　文学空間としての北海道━**小笠原克**　文学における空間━**矢本貞幹**　ヨーロッパ近代以降の戯曲空間と「生」━**徳永哲**　W・B・イェイツの幻視空間━**星野徹**　言語における空間━**岡野信子**　ボルノーの空間論━**森田美千代**　聖書の解釈について━**岡山好江**

50195-3
品　切

10　方法としての詩歌

源氏物語の和歌について━**武原弘**　近代短歌の方法意識━**前田透**　方法としての近代歌集━**佐佐木幸綱**　宮沢賢治―その挽歌をどう読むか━**佐藤泰正**　詩の構造分析━**関根英二**　『水葬物語』論━**安森敏隆**　私の方法━**谷川俊太郎**　シェイクスピアと詩━**後藤武士**　方法としての詩―W・C・ウィリアムズの作品に即して━**徳永暢三**　日英比較詩法━**樋口日出雄**　北欧の四季の歌━**中村都史子**

50196-1
1000円

11　語りとは何か

「語り」の内面━**武田勝彦**　異常な語り━**荒木正見**　『谷の影』における素材と語り━**徳永哲**　ヘミングウェイと語り━**樋口日出雄**　『フンボルトの贈物』━**今石正人**　『古事記』における物語と歌謡━**岡田喜久男**　語りとは何か━**藤井貞和**　日記文学における語りの性格━**森田兼吉**　〈語り〉の転移━**佐藤泰正**

50197-4
1000円

12　ことばの諸相

ロブ・グリエ「浜辺」から━**関根英二**　俳句・短歌・詩における〈私〉の問題━**北川透**　イディオットの言語━**赤祖父哲二**　『源氏物語』の英訳をめぐって━**井上英明**　ボルノーの言語論━**森田美千代**　英文法━**加島康司**　英語変形文法入門━**本橋辰至**　「比較級＋than 構造」と否定副詞━**福島一人**　現時点でみる国内国外における日本語教育の種々相━**白木進**　仮名と漢字━**平井秀文**

50198-8
1100円

ISBNは頭に978-4-305を付けご利用ください。

佐藤泰正編　笠間書院ライブラリー◆梅光学院公開講座

13 文学における父と子

家族をめぐる問題━**国分直一**　孝と不幸との間━**宮田尚**　俊成と定家━**岩崎禮太郎**　浮世草子の破家者達━**渡辺憲司**　明治の〈二代目たち〉の苦闘━**中野新治**　ジョバンニの父とはなにか━**吉本隆明**　子の世代の自己形成━**吉津成久**　父を探すヤペテ＝スティーヴン━**鈴木幸夫**　S・アンダスン文学における父の意義━**小園敏幸**　ユダヤ人における父と子の絆━**今井夏彦**

50199-6
1000円

14 文学における海

古英詩『ベオウルフ』における海━**矢田裕士**　ヘンリー・アダムズと海━**樋口日出雄**　海の慰め━**小川国夫**　万葉人たちのうみ━**岡田喜久男**　中世における海の歌━**池田富蔵**　「待つ」ことのコスモロジー━**杉本春生**　三島由紀夫における〈海〉━**佐藤泰正**　吉行淳之介の海━**関根英二**　海がことばに働くとき━**岡野信子**　現象としての海━**荒木正見**

50200-3
品　切

15 文学における母と子

『蜻蛉日記』における母と子の構図━**守屋省吾**　女と母と━**安森敏隆**　母と子━**中山和子**　汚辱と神聖と━**斎藤末弘**　文学のなかの母と子━**宮野光男**　母の魔性と神性━**渡辺美智子**　『海へ騎り行く人々』にみる母の影響━**徳永哲**　ボルノーの母子論━**森田美千代**　マターナル・ケア━**たなべ・ひでのり**

60216-4
1000円

16 文学における身体

新約聖書における身体━**峠口新**　身体論の座標━**荒木正見**　G・グリーン「燃えつきた人間」の場合━**宮野祥子**　身体・国土・聖別━**井上英明**　身体論的な近代文学のはじまり━**亀井秀雄**　近代文学における身体━**吉田凞生**　漱石における身体━**佐藤泰正**　竹内敏晴のからだ論━**森田美千代**　短歌における身体語の位相━**安森敏隆**

60217-2
1000円

ISBNは頭に978-4-305を付けご利用ください。

佐藤泰正編　笠間書院ライブラリー◆梅光学院公開講座

17 日記と文学

『かげろうの日記』の拓いたもの━**森田兼吉**　『紫式部日記』論予備考説━**武原弘**　建保期の定家と明月記━**岩崎禮太郎**　二世市川団十郎日記抄の周辺━**渡辺憲司**　傍観者の日記・作品の中の傍観者━**中野新治**　一葉日記の文芸性━**村松定孝**　作家と日記━**宮野光男**　日記の文学と文学の日記━**中野記偉**　『自伝』にみられるフレーベルの教育思想━**吉岡正宏**

60218-0
1000円

18 文学における旅

救済史の歴史を歩んだひとびと━**岡山好江**　天都への旅━**山本俊樹**　ホーソンの作品における旅の考察━**長岡政憲**　アラン島の生活とシング━**徳永哲**　海上の道と神功伝説━**国分直一**　万葉集における旅━**岡田喜久男**　〈旅といのち〉の文学━**岩崎禮太郎**　同行二人━**白石悌三**　『日本言語地図』から20年━**岡野信子**

60219-9
1000円

19 事実と虚構

『遺物』における虚像と実像━**木下尚子**　鹿谷事件の〈虚〉と〈実〉━**宮田尚**　車内空間と近代小説━**剣持武彦**　斎藤茂吉における事実と虚構━**安森敏隆**　太宰治━**長篠康一郎**　竹内敏晴における事実と虚構━**森田美千代**　遊戯論における現実と非現実の世界━**吉岡正宏**　テニスン『イン・メモリアム』考━**渡辺美智子**　シャーウッド・アンダスンの文学における事実と虚構━**小園敏幸**

60220-2
品　切

20 文学における子ども

子ども―「大人の父」―━**向山淳子**　児童英語教育への効果的指導━**伊佐雅子**　『源氏物語』のなかの子ども━**武原弘**　芥川の小説と童話━**浜野卓也**　近代詩のなかの子ども━**佐藤泰正**　外なる子ども　内なる子ども━**いぬいとみこ**　「内なる子ども」の変容をめぐって━**高橋久子**　象徴としてのこども━**荒木正見**　子どもと性教育━**古澤暁**　自然主義的教育論における子ども観━**吉岡正宏**

60221-0
1000円

ISBNは頭に978-4-305を付けご利用ください。

佐藤泰正編　笠間書院ライブラリー◆梅光学院公開講座

21

文学における家族

平安日記文学に描かれた家族のきずな━**森田兼吉**　家族の発生━**山田有策**　塚本邦雄における〈家族〉の位相━**安森敏隆**　中絶論━**芹沢俊介**　「家族」の脱構築━**吉津成久**　清貧の家族━**向山淳子**　家庭教育の人間学的考察━**広岡義之**　日米の映画にみる家族━**樋口日出雄**

60222-9
1000円

22

文学における都市

欧米近代戯曲と都市生活━**徳永哲**　都市とユダヤの「隙間」━**今井夏彦**　ボルノーの「空間論」についての一考察━**広岡義之**　民俗における都市と村落━**国分直一**　〈都市〉と「恨の介」前後━**渡辺憲司**　百閒と漱石――反＝三四郎の東京━**西成彦**　都市の中の身体　身体の中の都市━**小森陽一**　宮沢賢治における「東京」━**中野新治**　都市の生活とスポーツ━**安冨俊雄**

60223-7
1000円

23

方法としての戯曲

『古事記』における演劇的なものについて━**岡田喜久男**　方法としての戯曲━**松崎仁**　椎名麟三戯曲「自由の彼方で」における〈神の声〉━**宮野光男**　方法としての戯曲━**高堂要**　欧米近代戯曲における「神の死」の諸相━**徳永哲**　戯曲とオペラ━**原口すま子**　島村抱月とイプセン━**中村都史子**　ボルノーにおける「役割からの解放」概念について━**広岡義之**　〈方法としての戯曲〉とは━**佐藤泰正**

60224-5
1000円

24

文学における風土

ホーソーンの短編とニューイングランドの風土━**長岡政憲**　ミシシッピー川の風土とマーク・トウェイン━**向山淳子**　現代欧米戯曲にみる現代的精神風土━**徳永哲**　神聖ローマの残影━**栗田廣美**　豊国と常陸国━**国分直一**　『今昔物語集』の〈九州〉━**宮田尚**　賢治童話と東北の自然━**中野新治**　福永武彦における「風土」━**曽根博義**　『日本言語地図』上に見る福岡県域の方言状況━**岡野信子**　スポーツの風土━**安冨俊雄**

60225-3
1000円

ISBNは頭に978-4-305を付けご利用ください。

佐藤泰正編　笠間書院ライブラリー◆梅光学院公開講座

25

「源氏物語」を読む

源氏物語の人間━**目加田さくを**　「もののまぎれ」の内容━**今井源衛**　『源氏物語』における色のモチーフ━**伊原昭**　光源氏はなぜ絵日記を書いたか━**森田兼吉**　弘徽殿大后試論━**田坂憲二**　末期の眼━**武原弘**　源氏物語をふまえた和歌━**岩崎禮太郎**　光源氏の生いたちについて━**井上英明**　『源氏物語』の中国語訳をめぐる諸問題━**林水福**　〈読む〉ということ━**佐藤泰正**

60226-1
1000円

26

文学における二十代

劇作家シングの二十歳━**徳永哲**　エグサイルとしての二十代━**吉津成久**　アメリカ文学と青年像━**樋口日出雄**　儒者・文人をめざす平安中期の青年群像━**今浜通隆**　維盛の栄光と挫折━**宮田尚**　イニシエーションの街─「三四郎」━**石原千秋**　二十代をライフサイクルの「青春」という仮構━**紅野謙介**　文学における明治二十年代のなかで考える━**古澤暁**　文学における明治二十年代━**佐藤泰正**

60227-5
1000円

27

文体とは何か

文体まで━**月村敏行**　新古今歌人の歌の凝縮的表現━**岩崎禮太郎**　大田南畝の文体意識━**久保田啓一**　太宰治の文体─「富嶽百景」再攷━**鶴谷憲三**　表現の抽象レベル━**野中涼**　語彙から見た文体━**福島一人**　新聞及び雑誌英語の文体に関する一考察━**原田一男**　〈海篇〉に散見される特殊な義注文体━**遠藤由里子**　漱石の文体━**佐藤泰正**

60228-8
品　切

28

フェミニズムあるいはフェミニズム以後

近代日本文学のなかのマリアたち━**宮野光男**　「ゆき女きき書」成立考━**井上洋子**　シェイクスピアとフェミニズム━**朱雀成子**　フランス文学におけるフェミニズムの諸相━**常岡晃**　女性の現象学━**広岡義之**　フェミニスト批判に対して━**富山太佳夫**　言語運用と性━**松尾文子**　アメリカにおけるフェミニズムあるいはフェミニスト神学━**森田美千代**　山の彼方にも世界はあるのだろうか━**中村都史子**　スポーツとフェミニズム━**安冨俊雄**　近代文学とフェミニズム━**佐藤泰正**

60229-6
1000円

ISBNは頭に978-4-305を付けご利用ください。

佐藤泰正編　笠間書院ライブラリー◆梅光学院公開講座

29 文学における手紙

手紙に見るカントの哲学━**黒田敏夫**　ブロンテ姉妹と手紙━**宮川下枝**　シングの孤独とモリーへの手紙━**徳永哲**　苦悩の手紙━**今井夏彦**　平安女流日記文学と手紙━**森田兼吉**　『今昔物語集』の手紙━**宮田尚**　書簡という解放区━**金井景子**　塵の世・仙境・狂気━**中島国彦**　「郵便脚夫」としての賢治━**中野新治**　漱石─その〈方法としての書簡〉━**佐藤泰正**

60230-5
1000円

30 文学における老い

古代文学の中の「老い」━**岡田喜久男**　「楢山節考」の世界━**鶴谷憲三**　限界状況としての老い━**佐古純一郎**　聖書における老い━**峠口新**　老いゆけよ我と共に─R・ブラウニングの世界━**向山淳子**　アメリカ文学と〝老い〟━**大橋健三郎**　シャーウッド・アンダスンの文学におけるグロテスクと老い━**小園敏幸**　ヘミングウェイと老人━**樋口日出雄**　「老い」をライフサイクルのなかで考える━**古澤暁**　〈文学における老い〉とは━**佐藤泰正**

60231-8
1000円

31 文学における狂気

預言と狂気のはざま━**松浦義夫**　シェイクスピアにおける狂気━**朱雀成子**　近代非合理主義運動の功罪━**広岡義之**　G・グリーン『おとなしいアメリカ人』を読む━**宮野祥子**　狂気と江戸時代演劇━**松崎仁**　北村透谷─「疎狂」の人━**藪禎子**　萩原朔太郎の「殺人事件」━**北川透**　狂人の手記━**木股知史**　森内俊雄文学のなかの〈狂気の女〉━**宮野光男**　〈文学における狂気〉とは━**佐藤泰正**

60232-6
1000円

32 文学における変身

言語における変身━**古川武史**　源氏物語における人物像変貌の問題━**武原弘**　ドラマの不在・変身━**中野新治**　変身、物語の母型─漱石『こゝろ』管見─━**浅野洋**　唐代伝奇に見える変身譚─━**増子和男**　神の巫女─谷崎潤一郎〈サイクル〉の変身─━**清水良典**　メタファーとしての変身─安部公房『砂の女』まで─━**北川透**　イエスの変貌と悪霊に取りつかれた子の癒し━**森田美千代**　トウェインにおける変身、或いは入れ替わりの物語━**堤千佳子**　〈文学における変身〉とは━**佐藤泰正**

60233-4
1000円

ISBNは頭に978-4-305を付けご利用ください。

佐藤泰正編　笠間書院ライブラリー◆梅光学院公開講座

33

シェイクスピアを読む

多義的な〈真実〉━鶴谷憲三　『オセロー』―女たちの表象━朱雀成子　昼の闇に飛翔する〈せりふ〉━徳永哲　シェイクスピアと諺━向山淳子　ジョイスのなかのシェイクスピア━吉津成久　シェイクスピアを社会言語学的視点から読む━高路善章　シェイクスピアの贋作━大場建治　シェイクスピア劇における特殊と普遍━柴田稔彦　精神史の中のオセロウ━藤田実　漱石とシェイクスピア━佐藤泰正

60234-2
1000円

34

表現のなかの女性像

「小町変相」論━須浪敏子　〈男〉の描写から〈女〉を読む━森田兼吉　シャーウッド・アンダスンの女性観━小園敏幸　矢代静一「泉」を読む━宮野光男　和学者の妻たち━久保田啓一　文読む女・物縫う女━中村都史子　運動競技と女性のミステリー━安冨俊雄　マルコ福音書の女性たち━森田美千代　漱石の描いた女性たち━佐藤泰正

60235-0
1000円

35

文学における仮面

文体という仮面━服部康喜　変装と仮面━石割透　キリスト教におけるペルソナ（仮面）━松浦義夫　ギリシャ劇の仮面から現代劇の仮面へ━徳永哲　ボルノーにおける「希望」の教育学━広岡義之　ブラウニングにおけるギリシャ悲劇〈仮面劇〉の受容━松浦美智子　見えざる仮面━松崎仁　〈仮面〉の犯罪━北川透　〈文学における仮面〉とは━佐藤泰正　テニソンの仮面━向山淳子

60236-9
品　切

36

ドストエフスキーを読む

ドストエフスキー文学の魅力━木下豊房　光と闇の二連画━清水孝純　ロシア問題━新谷敬三郎　萩原朔太郎とドストエフスキー━北川透　ドストエフスキーにおけるキリスト理解━松浦義夫　「罪と罰」におけるニヒリズムの超克━黒田敏夫　『地下室の手記』を読む━徳永哲　太宰治における〈ドストエフスキー〉━鶴谷憲三　呟きは道化の祈り━宮野光男　ドストエフスキイと近代日本の作家━佐藤泰正

60237-7
1000円

ISBNは頭に978-4-305を付けご利用ください。

佐藤泰正編　笠間書院ライブラリー◆梅光学院公開講座

37 文学における道化

受苦としての道化━**柴田勝二**　笑劇（ファルス）の季節、あるいは蛸博士の二重身━**花田俊典**　〈道化〉という仮面━**鶴谷憲三**　道化と祝祭━**安冨俊雄**　『源氏物語』における道化━**武原弘**　濫行の僧たち━**宮田尚**　近代劇、現代劇における道化━**徳永哲**　シェイクスピアの道化━**朱雀成子**　〈文学における道化〉とは━**佐藤泰正**　ブラウニングの道化役━**向山淳子**

60238-5
1000円

38 文学における死生観

斎藤茂吉の死生観━**安森敏隆**　平家物語の死生観━**松尾葦江**　キリスト教における死生観━**松浦義夫**　ケルトの死生観━**吉津成久**　ヨーロッパ近・現代劇における死生観━**徳永哲**　教育人間学が問う「死」の意味━**広岡義之**　「死神」談義━**増子和男**　宮沢賢治の生と死━**中野新治**　〈文学における死生観〉とは━**佐藤泰正**　ブライアントとブラウニング━**向山淳子**

60239-3
品　切

39 文学における悪

カトリック文学における悪の問題━**富岡幸一郎**　エミリ・ブロンテと悪━**斎藤和明**　電脳空間と悪━**樋口日出雄**　悪魔と魔女と妖精と━**樋口紀子**　近世演劇に見る悪の姿━**松崎仁**　『今昔物語集』の悪行と悪業━**宮田尚**　『古事記』に見る「悪」━**岡田喜久男**　〈文学における悪〉とは―あとがきに代えて―━**佐藤泰正**　ブラウニングの悪の概念━**向山淳子**

60240-7
1000円

40 「こころ」から「ことば」へ「ことば」から「こころ」へ

〈道具〉扱いか〈場所〉扱いか━**中右実**　あいさつ対話の構造・特性とあいさつことばの意味作用━**岡野信子**　人間関係の距離認知とことば━**高路善章**　外国語学習へのヒント━**吉井誠**　伝言ゲームに起こる音声的な変化について━**有元光彦**　話法で何が伝えられるか━**松尾文子**　〈ケルトのこころ〉が囁く━**吉津成久**　文脈的多義と認知的多義━**国広哲弥**　〈ことばの音楽〉をめぐって━**北川透**　言葉の逆説性をめぐって━**佐藤泰正**

60241-3
1000円

ISBNは頭に978-4-305を付けご利用ください。

佐藤泰正編　笠間書院ライブラリー◆梅光学院公開講座

41

異文化との遭遇

〈下層〉という光景━**出原隆俊**　横光利一とドストエフスキーをめぐって━**小田桐弘子**　説話でたどる仏教東漸━**宮田尚**　キリスト教と異文化━**松浦義夫**　ラフカディオ・ハーンから小泉八雲へ━**吉津成久**　アイルランドに渡った「能」━**徳永哲**　北村透谷とハムレット━**北川透**　国際理解と相克━**堤千佳子**　〈異文化との遭遇〉とは━**佐藤泰正**　Englishness of English Haiku and Japaneseness of Japanese Haiku━**湯浅信之**

60242-3
1000円

42

癒しとしての文学

イギリス文学と癒しの主題━**斎藤和明**　癒しは、どこにあるか━**宮川健郎**　トマス・ピンチョンにみる癒し━**樋口日出雄**　魂の癒しとしての贖罪━**松浦義夫**　文学における癒し━**宮野光男**　読書療法をめぐる十五の質問に答えて━**村中李衣**　宗教と哲学における魂の癒し━**黒田敏夫**　ブラウニングの詩に見られる癒し━**松浦美智子**　『人生の親戚』を読む━**鶴谷憲三**　〈癒しとしての文学〉とは━**佐藤泰正**

60243-1
1000円

43

文学における表層と深層

『風立ちぬ』の修辞と文体━**石井和夫**　遠藤周作『深い河』の主題と方法━**笠井秋生**　宮沢賢治における「超越」と「着地」━**中野新治**　福音伝承における表層と深層━**松浦義夫**　ジャガ芋大飢饉のアイルランド━**徳永哲**　V・E・フランクルにおける「実存分析」についての一考察━**広岡義之**　G・グリーン『キホーテ神父』を読む━**宮野祥子**　〈文学における表層と深層〉とは━**佐藤泰正**　言語構造における深層と表層━**古川武史**

60244-2
1000円

44

文学における性と家族

「ウチ」と「ソト」の間で━**重松恵子**　〈流浪する狂女〉と〈二階の叔父さん〉━**関谷由美子**　庶民家庭における一家団欒の原風景━**佐野茂**　近世小説における「性」と「家族」━**倉本昭**　『聖書』における「家族」と「性」━**松浦義夫**　『ハムレット』を読み直す━**朱雀成子**　ノラの家出と家族問題━**徳永哲**　『ユリシーズ』における「寝取られ亭主」の心理━**吉津成久**　シャーウッド・アンダスンの求めた性と家族━**小園敏幸**　〈文学における性と家族〉とは━**佐藤泰正**

60245-8
1000円

ISBNは頭に978-4-305を付けご利用ください。

佐藤泰正編　笠間書院ライブラリー◆梅光学院公開講座

45 太宰治を読む

太宰治と井伏鱒二━**相馬正一**　太宰治と旧制弘前高等学校━**鶴谷憲三**　『新釈諸国噺』の裏側━**宮田尚**　花なき薔薇━**北川透**　『人間失格』再読━**佐藤泰正**　「外国人」としての主人公の位置について━**村瀬学**　太宰治を読む━**宮野光男**　戦時下の太宰・一面━**佐藤泰正**

60246-6
1000円

46 鷗外を読む

「鷗外から司馬遼太郎まで」━**山崎正和**　鷗外の『仮名遣意見』について━**竹盛天雄**　森鷗外の翻譯文學━**小堀桂一郎**　森鷗外における「名」と「物」━**中野新治**　小倉時代の森鷗外━**小林慎也**　多面鏡としての〈戦争詩〉━**北川透**　鷗外と漱石━**佐藤泰正**

60247-4
品　切

47 文学における迷宮

『新約聖書』最大の迷宮━**松浦義夫**　源氏物語における迷宮━**武原弘**　富士の人穴信仰と黄表紙━**倉本昭**　思惟と存在の迷路━**黒田敏夫**　「愛と生の迷宮」━**松浦美智子**　死の迷宮の中へ━**徳永哲**　アメリカ文学に見る「迷宮」の様相━**大橋健三郎**　アップダイクの迷宮的世界━**樋口日出雄**　パラノイアック・ミステリー━**中村三春**　〈文学における迷宮〉とは━**佐藤泰正**

60248-2
1000円

48 漱石を読む

漱石随想━**古井由吉**　漱石における東西の葛藤━**湯浅信之**　「坊つちゃん」を読む━**宮野光男**　漱石と朝日新聞━**小林慎也**　人情の復活━**石井和夫**　強いられた近代人━**中野新治**　〈迷羊〉の彷徨━**北川透**　「整つた頭」と「乱れた心」━**田中実**　『明暗』における下位主題群の考察（その二）━**石崎等**　〈漱石を読む〉とは━**佐藤泰正**

60249-0
1000円

ISBNは頭に978-4-305を付けご利用ください。

佐藤泰正編　笠間書院ライブラリー◆梅光学院公開講座

49 戦争と文学

戦争と歌人たち━**篠弘**　二つの戦後━**加藤典洋**　フランクルの『夜と霧』を読み解く━**広岡義之**　〈国民詩〉という罠━**北川透**　後日談としての戦争━**樋口日出雄**　マーキェヴィッツ伯爵夫人とイェイツの詩━**徳永哲**　返忠（かえりちゅう）━**宮田尚**　『新約聖書』における聖戦━**松浦義夫**　戦争文学としての『趣味の遺伝』━**佐藤泰正**

60250-4
1000円

50 宮沢賢治を読む

詩人、詩篇、そしてデモン━**天沢退二郎**　イーハトーヴの光と風━**松田司郎**　宮沢賢治における「芸術」と「実行」━**中野新治**　賢治童話の文体―その問いかけるもの━**佐藤泰正**　宮沢賢治と中原中也━**北川透**　宮沢賢治のドラゴンボール━**秋枝美保**　「幽霊の複合体」をめぐって━**原子朗**　「銀河鉄道の夜」━**山根知子**　「風の又三郎」異聞━**宮野光男**

60251-2
品　切

51 芥川龍之介を読む

「羅生門」の読み難さ━**海老井英次**　「杜子春」論━**宮坂覺**　「玄鶴山房」を読む━**関口安義**　「蜘蛛の糸」あるいは「温室」という装置━**中野新治**　文明開化の花火━**北川透**　芥川龍之介「南京の基督」を読む━**宮野光男**　芥川龍之介と『今昔物語集』との出会い━**宮田尚**　日本英文学の「独立宣言」と、漱石―芥川の伝統路線に見える近代日本文学の運命━**向山義彦**　芥川龍之介と弱者の問題━**松本常彦**　芥川―その〈最終章〉の問いかけるもの━**佐藤泰正**

60252-0
1000円

52 遠藤周作を読む

神学と小説の間━**木崎さと子**　夫・遠藤周作と過ごした日々━**遠藤順子**　おどけと哀しみと―人生の天秤棒━**加藤宗哉**　遠藤周作と井上洋治━**山根道公**　遠藤周作における心の故郷と歴史小説━**高橋千劔破**　「わたしが・棄てた・女」について━**笠井秋生**　虚構と事実の間━**小林慎也**　遠藤周作「深い河」を読む━**宮野光男**　遠藤文学の受けついだもの━**佐藤泰正**

60253-9
品　切

ISBNは頭に978-4-305を付けご利用ください。

佐藤泰正編　笠間書院ライブラリー◆梅光学院公開講座

53　俳諧から俳句へ

俳諧から俳句へ━**坪内稔典**　マンガ『奥の細道』━**堀切実**　戦後俳句の十数年━**阿部誠文**　インターネットで連歌を試みて━**湯浅信之**　花鳥風月と俳句━**小林慎也**　菊舎尼の和漢古典受容━**倉本昭**　鶏頭の句の分からなさ━**北川透**　芭蕉・蕪村と近代文学━**佐藤泰正**

60254-7
1000円

54　中原中也を読む

『全集』という生きもの━**佐々木幹郎**　中原中也とランボー━**宇佐美斉**　山口と中也━**福田百合子**　亡き人との対話─宮沢賢治と中原中也─━**中原豊**　《「無」の軌道》を内包する文学─中原中也と太宰治の出会い─━**北川透**　中原中也　あるいは魂の労働者━**中野新治**　ゆらゆれる「ゆあーん　ゆよーん」─中原中也「サーカス」の改稿と行の字下げをめぐって─━**加藤邦彦**　中原中也をどう読むか─その〈宗教性〉の意味を問いつつ─━**佐藤泰正**

60255-5
1000円

55　戦後文学を読む

敗戦文学論━**桶谷秀昭**　戦争体験の共有は可能か─浮遊する〈魂〉と彷徨する〈けもの〉について─━**栗坪良樹**　危機ののりこえ方─大江健三郎の文学─━**松原新一**　マリアを書く作家たち─椎名麟三「マグダラのマリア」に言い及ぶ─━**宮野光男**　松本清張の書いた戦後─『点と線』『日本の黒い霧』など─━**小林慎也**　三島由紀夫『春の雪』を読む━**北川透**　現代に〈教養小説〉は可能か─村上春樹『海辺のカフカ』を読む─━**中野新治**　戦後文学の問いかけるもの─漱石と大岡昇平をめぐって─━**佐藤泰正**

60256-5
1000円

56　文学　海を渡る

ことばの海を越えて─シェイクスピア・カンパニーの出帆─━**下館和巳**　想像力の往還─カフカ・公房・春樹という惑星群─━**清水孝純**　ケルトの風になって─精霊の宿る島愛蘭と日本の交流─━**吉津成久**　パロディー、その喜劇への変換─太宰治『新ハムレット』考─━**北川透**　黒澤明の『乱』─『リア王』の変容─━**朱雀成子**　赤毛のアンの語りかけるもの━**堤千佳子**　「のっぺらぼう」考─その「正体」を中心として─━**増子和男**　近代日本文学とドストエフスキイ─透谷・漱石・小林秀雄を中心に─━**佐藤泰正**

60257-2
1000円

ISBNは頭に978-4-305を付けご利用ください。

佐藤泰正編　笠間書院ライブラリー◆梅光学院公開講座

57 源氏物語の愉しみ

「いとほし」をめぐって―源氏物語は原文の味読によるべきこと―■秋山虔　源氏物語の主題と構想■目加田さくを　『源氏物語』と色―その一端―■伊原昭　桐壺院の年齢―与謝野晶子の「二十歳」「三十歳」説をめぐって―■田坂憲二　第二部の紫の上の生と死―贖罪論の視座から―■武原弘　『源氏物語』の表現技法―用語の選択と避選択・敬語の使用と避使用―■関一雄　『源氏』はどう受け継がれたか―禁忌の恋の読まれ方と『源氏』以後の男主人公像―■安道百合子　江戸時代人が見た『源氏』の女人―末摘花をめぐって―■倉本昭　源氏物語雑感■佐藤泰正

60258-9
1000円

58 松本清張を読む

解き明かせない悲劇の暗さ―松本清張『北の詩人』論ノート■北川透　『天保図録』―漆黒の人間図鑑―■倉本昭　松本清張論―「天城越え」を手がかりに―■赤塚正幸　松本清張と「日本の黒い霧」■藤井忠俊　松本清張一面―初期作品を軸として―■佐藤泰正　清張の故郷―『半生の記』を中心に―■小林慎也　大衆文学における本文研究―「時間の習俗」を例にして―■松本常彦　小倉時代の略年譜―松本清張のマグマ―■小林慎也

60259-6
1000円

59 三島由紀夫を読む

三島由紀夫、「絶対」の探究としての言葉と自刃■富岡幸一郎　畏友を偲んで■高橋昌也　『鹿鳴館』の時代―明治の欧化政策と女性たち■久保田裕子　文学を否定する文学者―三島由紀夫小論■中野新治　近代の終焉を演じるファルス―三島由紀夫『天人五衰』（『豊饒の海』第四巻）を読む■北川透　三島由紀夫『軽王子と衣通姫』について―西洋文学と『春雨物語』の影響■倉本昭　冷感症の時代―三島由紀夫『音楽』と「婦人公論」■加藤邦彦　三島由紀夫とは誰か―その尽きざる問いをめぐって■佐藤泰正

60260-2
1000円

60 時代を問う文学

「人間存在の根源的な無責任さ」について―災禍と言葉と失声―■辺見庸　慧眼を磨き、勁さと優しさを■渡邊澄子　共同体と死時計―三島由紀夫『文化防衛論』について―■北川透　現実とあらがうケルト的ロマン主義作家―イェイツとワーズワースと現代愛蘭作家―■吉津成久　『平家物語』の虚と実―清盛の晩年―■宮田尚　上田秋成が描いた空海■倉本昭　運命への問い、運命からの問い―幸田露伴「運命」をめぐって―■奥野政元　透谷と漱石の問いかけるもの―時代を貫通する文学とは何か―■佐藤泰正

60261-9
1000円

ISBNは頭に978-4-305を付けご利用ください。

61
女流文学の潮流

感性のことなど━川上未映子　大人になるは厭やな事—「たけくらべ」の表現技巧—━山田有策　土屋斐子「和泉日記」の魅力とは━板坂耀子　『紫式部日記』清少納言批判をどう読むか—紫式部の女房としての職掌意識を想像しつつ—━安道百合子　笠女郎の相聞歌—大伴家持をめぐる恋—━島田裕子　三浦綾子論—苦痛の意味について—━奥野政元　二人の童話作家—あまんきみこと安房直子—━村中李衣　そのとき女性の詩が変わった━渡辺玄英　女性の勁さとは何か—あとがきに代えて—━佐藤泰正

60262-6
1000円

62
時代と向き合う作家たち

コンティンジェントであることの力━加藤典洋　漱石文学の翻訳をめぐって—風土を超えて生きる文学の力とは何か—━金貞淑　宮沢賢治と鳥たち—「よだかの星」『銀河鉄道の夜』を中心に—━北川透　森鷗外　歴史小説のはじまり━奥野政元　一九六〇年代と現代詩━渡辺玄英　近代詩人の死と空虚—鮎川信夫「死んだ男」の「ぼく」と「M」をめぐって—━加藤邦彦　〈文学の力〉の何たるかを示すものは誰か—漱石、芥川、太宰、さらには透谷にもふれつつ—━佐藤泰正

60263-3
1000円

63
宮沢賢治の切り拓いた世界は何か

賢治の「おもしろさ」と「むづがすさ」━原子朗　生命と精神—賢治におけるリズムの問題━原子朗　分子の脱自—宮沢賢治のトーテミズム、その墜落と飛行━鎌田東二　「グスコーブドリの伝記」と三・一一東日本大震災—あるいは宮沢賢治と法華経━北川透　宮沢賢治の根底なる宗教性—大乗起信論・如来寿量品・宇宙意志—━山根知子　同時代に生きた宮澤賢治と金子みすゞの世界━木原豊美　宮沢賢治と『アラビアンナイト』—『春と修羅』収録詩篇を中心に—━加藤邦彦　宮沢賢治の生涯をつらぬく闘いは何であったか━佐藤泰正

60264-0
1000円

64
漱石における〈文学の力〉とは

漱石の遺した〈文学の力〉とは何か━小森陽一　近代資本主義の中の『こころ』━石原千秋　夏目漱石『明暗』—イニシエーションの文学━姜尚中　『文学論』の再帰性━神山睦美　漱石とドストエフスキー—死と病者の光学をめぐって—━清水孝純　『草枕』と『夢十夜』—漱石の実験—━石井和夫　漱石文芸の哲学的基礎—則天去私の文学の道へ—━望月俊孝　文学のリアリティは何によって保証されるか—ゼロ地点と「先生の遺書」—━中野新治　『こゝろ』の不思議とその構造━浅野洋　漱石における〈文学の力〉とは何か—その全作品を貫通するものをめぐって━佐藤泰正

60265-7
1600円

ISBNは頭に978-4-305を付けご利用ください。

文学は〈人間学〉だ。

人間は何を求めているのだろうか。

**人間という矛盾の塊は、
どう救われていくのだろうか。
それを突き詰めて表現する
「文学」を語り尽くす、
二つの渾身の講演録。**

まえがき ◉ 山城むつみ

§1
文学が人生に相渉る時
―文学逍遥七五年を語る―◉ 佐藤泰正

§2
カラマーゾフの〈人間学〉◉ 山城むつみ

あとがき ◉ 佐藤泰正

佐藤泰正
近代日本文学研究者、元梅光学院大学教授・学長

山城むつみ
文芸評論家。
2010年『ドストエフスキー』にて第65回毎日出版文化賞を受賞

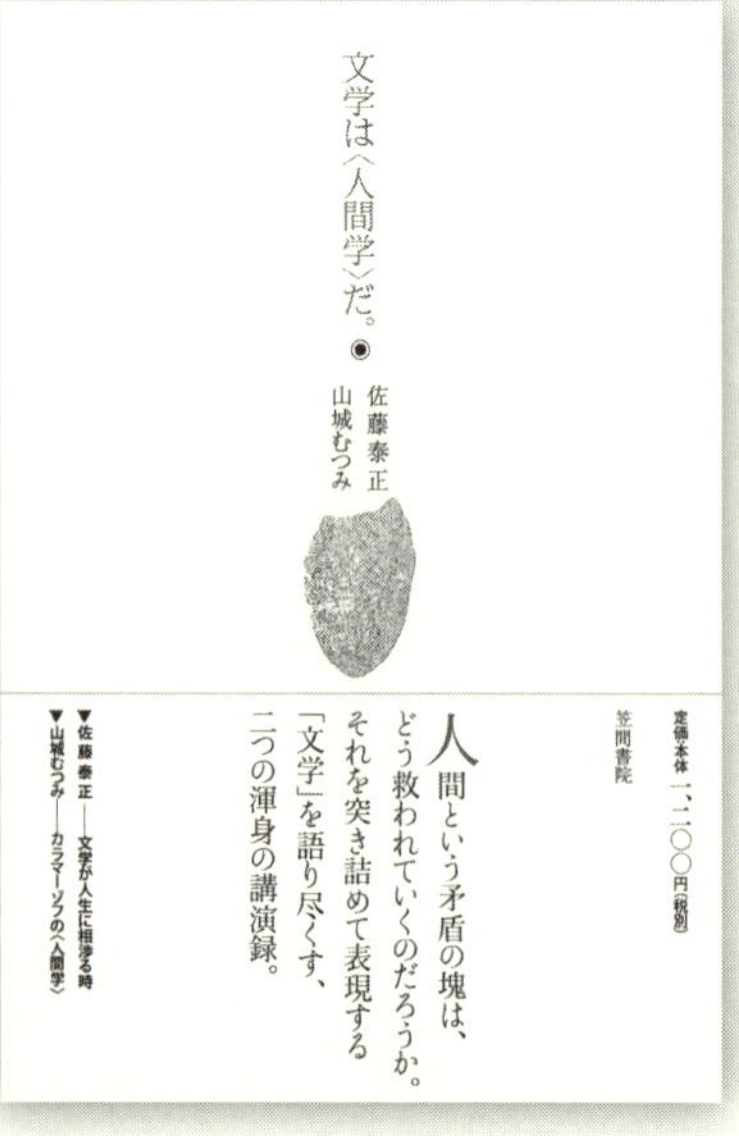

定価:本体1,200円(税別)
ISBN978-4-305-70694-2
四六判・並製・208頁
笠間書院